나는 여자다

김세라

서울여자대학교에서 교육심리학을 전공한 후 청소년 연구와 인성교육 콘텐츠 제작에 종사하였고 방송 교양프로그램의 대본을 썼습니다. 현재는 청소년 대상 에듀테인먼트 분야의 책을 쓰면서 틈틈이 잡지 기자로 활동하고 있습니다. 지은 책으로는『서울대 선정 인문고전 50선: 명심보감 편, 백범일지 편』,『이어령의 교과서 넘나들기: 심리 편』,『최고를 꿈꾼 사람들의 이야기: 레오나르도 다 빈치 편』등이 있습니다.

나는 여자다 조선 개화기편

© 김세라, 2012

1판 1쇄 인쇄__2012년 2월 05일
1판 1쇄 발행__2012년 2월 10일

지은이__김세라
펴낸이__홍정표

펴낸곳__세림출판
　　　　등 록__제 25100-2007-000014호

공급처__(주)글로벌콘텐츠출판그룹
　　　　이 사__양정섭
　　　　디자인__김미미
　　　　일러스트__강성남
　　　　기획·마케팅__노경민 장진영 배정일
　　　　편 집__배소정
　　　　경영지원__최정임
　　　　주 소__서울특별시 강동구 길동 349-6 정일빌딩 401호
　　　　전 화__02-488-3280
　　　　팩 스__02-488-3281
　　　　홈페이지__www.gcbook.co.kr
　　　　이메일__edit@gcbook.co.kr

값 12,000원
ISBN 978-89-92576-42-0 03320

나는 여자다

김세라 지음

세림출판

만약 타임머신을 타고 어디든 갈 수 있다면 어떤 시대로 가고 싶나요? 아마 모르긴 몰라도 한국 여성 중에서 조선시대를 선택할 사람은 거의 없을 것 같습니다. 조선시대가 여성에게는 암흑기 같은 시대로 여겨지고 있기 때문이겠죠. 마치 서양 역사에서 중세가 인권과 사상의 암흑기로 기억되고 있듯이 말입니다.

물론 그렇기는 합니다. 하지만 진흙 속에서 연꽃이 피어나듯, 어둠 속에서 몸 살라 횃불이 되었던 '그녀들'이 있습니다. 그녀들은 역사 곳곳에서 외롭게 빛을 발하고 있습니다. 사실 역사에 한 줄이라도 이름이 남는다는 것이 보통 일은 아닙니다. 본문에도 나오듯이 『호동서락기』를 쓴 김금원은 책을 통해 자신의 존재를 알리고 싶어 했는데, 후대에 이름이 전해지기 위해서는 이처럼 어떤 가시적인 성과물이 필요할 수도 있습니다.

이 책에 실린 인물들 가운데는 어쩌면 이름을 처음 들어보는 이도 있을 겁니다. 위인전에서 흔히 다뤄지지 않는 사람들인 까닭입니다. 조선 후기·개화기 여성들 중 청소년들에게 롤 모델이 될 만한 인물을 선정하는 과정에서 제가 가장 중요시한 것은 '남들이 하지 않은 것을 시도했

4

는가?'였습니다. 각 장별로 '신념과 뚝심', '도전과 개척', '나눔과 도움'이라는 제목으로 구분이 되어 있긴 하지만 이들은 모두 현모양처(賢母良妻)가 여성의 유일한 소임으로 여겨지던 시대에 사회 각 분야에서 선구적 역할을 했던 사람들입니다.

또한 저는 이들로부터 몇 가지 공통점을 더 발견할 수 있었습니다. 조선시대 여자들의 기본 덕목일 수밖에 없었던 인내심은 일단 제외하고 말입니다. 우선 이들은 자신감이 있었습니다. 자신의 생각, 자신의 판단에 대해 확신이 있었습니다. 그리고 일단 결심을 하면, 실행에 옮기는 과정에서도 남의 말에 흔들리지 않고 자기 주관대로 추진해나갔습니다.

또한 이들은 하나같이 욕심꾸러기였습니다. 욕심이 꼭 나쁜 것은 아닙니다. 이들은 주어진 조건이나 환경에 만족하지 않았습니다. 현실에 안주하지 않았습니다. 더 나은 것, 더 좋은 것을 얻기 위해 늘 방법을 고민하고 궁리했습니다.

게다가 이들은 시련이 닥쳐도 자포자기하는 법이 없었습니다. 사람들의 조롱이나 비난에도 아랑곳하지 않았습니다. 뚜렷한 목표의식 하에 자기 소신대로 밀고 나갔습니다. 집요하다 싶을 정도로 물고 늘어지는 면이 있었습니다. 한 마디로 강한 의지력의 소유자들이었다고 볼 수 있습니다.

또한 이들은 실천력이 있는 사람들이었습니다. 해마다 1월이면 새해의 목표를 정하지만 시간이 갈수록 결심이 흐트러지고 유야무야 끝나버리지 않나요? 계획은 누구나 세울 수 있지만 실천에 옮기기가 어려운 법입니다. 이들이 실천력이 있었다는 것은 그만큼 이들이 성실한 사람들이었다는 의미이기도 합니다. 무엇이든 꾸준히 계속하는 것, 이것은 매우 중요한 덕목입니다. 이들이 무슨 특출한 재주나 비범한 재능을 타고 난 사람들이 아니라는 것을 알 수 있겠죠?

이들의 삶을 알면 알수록, 내가 만약 조선시대에 태어났더라면 어떻게 살았을까, 어떤 모습으로 살다 갔을까, 그런 생각이 자주 들었습니다. 솔직히 고백한다면, 이런저런 장벽들에 지레 의지가 꺾여 포기하고 순응했을 것만 같습니다. 이들처럼 야무지게 잘 살아낼 거라고 장담할 수가 없습니다.

저는 이 글을 쓰면서 열두 명의 삶에 잠시 뛰어들어 그녀들처럼 생각하고 느껴보고자 했습니다. 그래서 어떤 대목에서는 아마 이런 상황이 있었을 것이고, 이런 심정이었을 것이며, 이런 대화가 오갔을 것이라고 가정하며 마음껏 상상하여 써보기도 했습니다.

각 장 뒤에 마련된 '톡 앤 톡' 코너에서도 마찬가지입니다. 각기 다른 시대에 살았고 각기 다른 상황에 처했던 열두 명이 21세기의 한국 땅에서 만난다면 어떨까, 각자의 입장이나 소감을 밝힐 자리가 주어진다면 뭐라고 말할까, 또한 서로를 어떤 시각으로 바라볼까, 무척 궁금했습니다. 물론 최대한 사실(史實)에 충실하고자 했습니다만, 마치 무대에서 배우가 되어 일인다역의 연기를 펼친 느낌입니다. 일종의 팩션(Faction)이라고 보면 됩니다. 팩션은 팩트(fact)와 픽션(fiction)의 합성어로, 역사적 사실이나 실존인물의 이야기에 상상력을 덧붙여 만들어낸 이야기를 뜻합니다. 독자들의 읽는 재미를 더하기 위한 장치로 이해하면 될 듯합니다.

흔히, 역사 속의 여성 위인은 여성들에게만 의미 있는 인물인 것으로 생각하는 경향이 있습니다. 하지만 배우고 본받는 데 남녀가 무슨 상관이 있나요? 남녀를 따지지 말고, 배울 점은 배워야 합니다.

물론 이 열두 명에 대한 평가는 사람마다 다를 수 있습니다. 하지만 한 가지 확실한 건, 이들이 보여준 삶의 방식이 우리 청소년들의 정신적 성장을 이끌어줄 훌륭한 자극제가 될 것이라는 점입니다. 본문을 읽어 보면 알겠지만 이들이 자신의 뜻을 세우고 뜻을 펼치기 시작한 것이 10대 중반부터인 경우가 대부분입니다.

또 사실, 이들 외에도 다양한 방식으로 자신의 삶을 개척하며 멋지게 살다 간 여성들이 아주 많습니다. 때로 외롭고 힘들어도 그들은 자신들이 선택한 길을 묵묵히, 훌륭히 걸어갔습니다.

우리는 늘 타인의 삶에서 배웁니다. 힌트를 얻고 지혜를 얻습니다. 인생의 롤 모델을 찾는 청소년 여러분에게 이 책이 방향키가 될 수 있다면 큰 보람이겠습니다.

2012년 1월

김세라

목차

일러두기

1. 서적명, 장편소설, 문집은 『 』로 표기하였습니다.
2. 글명, 논문명, 단편소설, 중편소설, 시는 「 」로 표기하였습니다.
3. 잡지, 동인지, 신문명은 ≪ ≫로 표기하였습니다.
4. 연극, 영화, 그림명, 노래명은 〈 〉로 표기하였습니다.

Part **1**

신념과 뚝심

열정과 담대함으로 무장한 '안사람 의병가'의 주인공 윤희순

1860년 서울에서 태어났다. '안사람 의병가' 등 수십 수의 의병가를 짓고 의병활동을 후원했다. 여성들의 동참을 촉구하며 '안사람 의병단'을 조직해 직접 의병훈련에 참여하기도 했다. 1910년 경술국치 후 가족과 함께 중국으로 이주해 의병활동을 도모하고 교육사업에 매진하다 76세를 일기로 중국 땅에서 생을 마쳤다. 일생에 걸친 항일운동을 기려 1983년 대통령표창이 추서되었다.

조선 안사람들이 보고만 있을 줄 아느냐

왜병대장 보거라

우리나라가 욕심나면 그냥 와서 구경이나 하고 갈 것이지,

우리가 너희 놈들에게 무슨 잘못을 하였느냐.

우리나라를 너희 놈들이 무슨 일로 통치를 한단 말이야.

우리 조선의 안사람들도 가만히 보고만 있을 줄 아느냐.

우리 안사람도 의병을 할 것이다.

더욱이 우리의 민비를 살해하고도 너희 놈들이 살아서 가기를 바랄쏘냐.

(중략)

우리 조선 안사람이 경고한다.

이 글은 내가 쓴 글이야. 내용으로 봐서 1895년 명성황후 시해 사건 (을미사변)과 관련이 있다는 것을 알 수 있지? 난 얼굴도 본 적 없는 왜병 대장에게 경고한 거야. 이런 식으로 나오면 조선의 안사람들도 가만있지 않겠다고, 안사람들도 여차하면 의병에 나설 거라고 말이야.

물론 당시 여자들 중에서 이런 의분을 품은 여자가 어디 나뿐이었겠어? 하지만 내가 다른 사람들과 좀 다른 부분이 있었다면 그건 아마 내가 경고에서 끝내지 않고 실제 행동에 나섰다는 점일 거야. 난 '안사람 의병단'을 조직해서 군사훈련에 참여했거든.

그렇다고 해서 원래 남과 싸우기를 좋아하는 사람일 거라거나 기질이 호전적일 거라는 식으로 오해하지는 말아줘. 국가적 위기상황만 아니었다면 나도 유학자 집안의 가풍에 따라 규방 깊이 들어앉아 있었을 거야. 우리 조선의 상황은 19세기를 휩쓴 제국주의의 칼바람 앞에 흔들리는 촛불과 다름없었어. 정의감이 강한 나로서는 의분을 못 참고 일어설 만도 했지.

다들 알고 있겠지만, 먼저 당시 항일운동의 흐름을 간단하게 짚고 넘어가는 게 좋겠군. 일제의 침략이 차근차근 진행되는 가운데, 우리나라를 지키려는 운동은 크게 두 방향에서 전개되었어. 의병투쟁과 애국계몽운동이 바로 그거야.

의병투쟁은 대부분 유학자들의 위정척사(衛正斥邪) 운동에서 시작되었어. 19세기 후반 외세의 침입이 계속되자 전국의 유림들은 천주교와 서양 문물에 반대하는 위정척사사상으로 똘똘 뭉치기 시작했어. 이런 움직임을 더욱 부채질한 게 바로 을미사변이었어. 지방의 유생과 농민들을 중심으로 들불처럼 번져가던 의병운동은 점차 의병항쟁으로 발전해갔고, 1910년 경술국치 이후에는 독립전쟁으로 전환되었지.

의병은 비정규군일망정 말 그대로 병사란다. 그래서 전장에 나가서 싸워야 해. 게다가 의병의 주축을 이루는 유생들은 남녀가 유별하다는 유교 이념이 깊이 뿌리박혀 있는 사람들이었어. 그러니 여자들이 의병을 하겠다고 나선다면 '뜻은 갸륵하지만 집에서 쉬라'는 대답이 돌아올 분위기였지. 그러나 쉽게 물러설 거였으면 시작도 안 했을 거야. 애국애

족의 마음 하나로, 옹골지고 당차게 뜻을 관철시킨 소수의 여성 전사들이 있었고, 어쩌다 보니 내가 그 지도자 노릇을 하게 된 거란다.

물론 의병투쟁 말고 교육운동이나 국채보상운동 등의 애국계몽운동에는 여자들도 적극적으로 참여한 게 사실이야. 그렇다 해도 대다수의 여자들은 조국이 식민지로 전락한 현실 앞에 그저 무력할 수밖에 없었어. 어쩌면 대부분의 조선 여자들은 국가나 민족보다 자아에 먼저 눈을 떴는지도 몰라. 봉건적 유교국가의 틀이 무너지면서 여자들은 남존여비 이데올로기와 신분제의 굴레에서 서서히 벗어나기 시작했거든. 조선은 여자들의 자각과 함께 그렇게 근대 사회로 접어들고 있었어.

의병대장 집안의 '짝 잃은 두견새'

그럼 나 윤희순은 태어날 때부터 애국심이 투철했던 것일까? 그렇지는 않아. 환경적 요인이 많이 작용한 것 같아. 특히 시댁의 가풍이 범상치 않았지.

난 1860년(철종 11년) 서울에서 태어났어. 어린 시절의 나는 부모님께 퍽 자랑스러운 딸이었나 봐. 행동거지가 어른스럽고 똑똑하고 효심이 깊다는 기록이 있을 정도니 말이야. 게다가 기개가 빼어났다는 말도 있단다. 씩씩하고 기상이 남달랐다는 뜻이니 요즘 시대였다면 골목대장은 맡아 놓고 했을 거야.

이윽고 혼기가 되자 부모님이 골라주신 사람과 백년가약을 맺게 되었어. 열여섯 살에 춘천에 사는 유제원이라는 사람과 부부가 되었지. 남편도 남편이지만 시아버지 유홍석이라는 분도 참 멋진 분이었어. 내 인생을 통틀어 아마 가장 큰 영향을 끼친 분일 거야.

어떻게 멋진 분이었느냐고? 일단 춘천으로 시집가서 얌전하게 새댁 노릇을 할 때의 일이 생각나네. 그 즈음 일본과의 불평등 조약으로 개항이 이루어지자, 이를 반대하는 척화왜소(斥和倭疏)를 유생 50여명이 공동으로 냈는데 시아버지도 그 중의 한 사람이었어. 시아버지는 유명한 의병운동 지도자 유인석의 6촌 형이기도 했어. 시아버지와 유인석은, 위정척사의 기수이자 철종 때의 이름난 유학자인 화서 이항로의 학풍을 계승한 학자들이었는데, 당시 전국에서 일어난 의병들은 대부분 화서 이항로의 문하생들이었어. 이들은 종묘사직을 지키고 임금에게 충성을 바치려는 충정 하나로 봉기한 거였지. 나의 시댁은 이렇듯 화서학파에 속하는 정통 유학자 집안으로서 보수적인 분위기가 강했단다.

그런데 시댁은 늘 쓸쓸하고 적막했어. 경제적 형편도 좋지 않았고. 남편은 유학자이자 집안어른인 성재 유중교의 집에 공부하러 가 있었고, 시어머니는 이미 돌아가신 데다, 꼿꼿한 선비 시아버지는 밤낮 의병 거사에만 골몰하고 있었지. 내 처지만 놓고 보면 '짝 잃은 두견새' 신세나 다름없었단다. 그래도 내 의무에 소홀할 수야 있나. 나는 어려운 살림을 꾸려나가면서도 시아버지를 지극 정성으로 모셨어. 그리고 '봉제사 접빈객(제사와 차례를 지내고 집안의 손님을 대접하는 일)'에도 힘썼어. 덕분에 양반가 여자의 부덕에 충실하다 해서 효부 소리도 들었단다.

하지만 그나마 효부 노릇도 오래 할 수 없었어. 1895년 8월 을미사변 후 친일내각이 들어서면서 그해 11월 단발령이 선포되었는데, 그 일을 계기로 대대적으로 의병운동이 일어난 거야(을미의병). 원주·제천·단양·춘천·영월·보은·안동·홍천·장성·문경 등 전국 각지에서 일어났고 그 다음해에는 경기도, 황해도, 그리고 평안도까지 확산되었어. 이 을미의병을 이끌어간 양대 세력이 춘천의 이소응 부대와 제천의 유인석 부대였어. 이때 시아버지도 함께 의병을 일으켜 집을 떠나게 되었거든. 나 윤희순도 조선인의 한 사람으로서 도저히 가만히 있을 수가 없더라고. 그래서 가서 돕겠다며 따라나섰지. 한번 해보는 소리가 아니었다니까.

> 시부모를 충효로 이루었듯이 저 죽을 줄 모르고서 충효에만 정신이 들었사오니 어이 하오리오.
> 장하기도 하옵고 야속하기도 하옵고 하나 충효로 규중부인네 몸으로 봉두난발로 시아버님을 쫓아간다 하오니…

이는 집안의 한 아주머니가 집안어른인 성재 유중교에게 보낸 편지의 한 구절이야. 여기서 봉두난발로 시아버님을 쫓아가려 한다는 며느리가 바로 나란다. 아주머니가 적나라하게 묘사했듯이 난 정말 머리가 흐트러질 정도로 쫓아가며 간곡하게 청했어. 시아버지의 뜻을 좇음으로써 효도하고, 또한 의병운동을 도움으로써 나라와 임금에게 충성하고 싶었거든. 하지만 시아버지는 전쟁터에 따라 가겠다는 이 며느리를 한사코 타일렀어.

"너는 집안 종사에 힘쓰도록 하라. 오늘 가는 길은 죽을지 살지 알 수 없으니 소식이 없더라도 너는 조상을 잘 모시도록 해라. 자손을 잘 길러 후대에 충성하고 훌륭한 자손이 되도록 하며 너희는 이런 일이 없도록 해주길 바란다. 네가 불쌍하구나."

시아버지의 부탁은 유언이나 마찬가지였어. 게다가 결혼 20년 만에 낳은 두 살배기 아들을 생각하면 차마 발걸음이 떨어지지 않았지. 난 결국 사지로 떠나는 시아버지를 눈물로 전송하고 집에 남을 수밖에 없었단다.

우는 암탉이 나라를 구한다!

나는 매일 산에 올라가 단을 쌓고 시아버지가 무사히 돌아오시기를 기원했어. 1년 정도 그렇게 한 것 같아. 각지의 의병들이 우리 마을을 거쳐 갈 때도 나는 가만있을 수가 없었어. 왜병들과 맞서느라 싸움터로 향하는 그들에게 정성껏 밥이라도 지어 먹여야 할 것 같았어. 일종의 후방 지원인 셈인데, 그런 작은 일이라도 해야만 마음이 편할 것 같았거든.

형편이라도 넉넉하면 좋으련만 그렇지를 못하니 가족이 먹을 곡식을 꺼내는 수밖에 없었어. 마침 춘천 숯장수들이 숯을 사기 위해 맡겨놓은 보리쌀과 좁쌀이 좀 있기에 그것도 얼른 보탰어. 나중에 뒷일을 어떻게 감당하려고 그랬느냐고? 사정을 이야기하면 숯장수들도 이해할 거라고 믿었어. 주변에서는 어린 아들을 데리고 앞으로 어떻게 살림을 꾸려나가려 그러느냐고 걱정들을 했지만, 나는 전혀 개의치 않았지. 설마 산입에 거미줄 치겠어?

그리고는 또 할 수 있는 일이 없을까 골똘히 생각했어. 문득 답이 떠올랐지. 직접 싸움터에 나가지 못한 것이 두고두고 원통했던 나는 다른 방법을 쓰기로 한 거야. 당장 마을 부인들을 불러 한 자리에 모아놓고는, 우리도 의병들을 돕자고, 나라의 운명이 풍전등화인 마당에 나라를 지키는 데 남녀를 따질 게 없다고, 여자들도 안사람 역할에만 머물러 있어서는 안 된다고 설득한 거야.

반응이 어땠을 것 같아? 고개를 끄덕이는 이들도 있었지만, 반대하는 이들이 많았어. 사태가 심각한 건 알겠는데 여자의 몸으로 그런 험한 일에 나선다는 게 가당치도 않고, 도운다고 나서봤자 실제로 별 도움도 안 될 것이며, 살림과 아이들 뒤치다꺼리는 어떻게 하라는 말이냐는 등 여러 의견들이 쏟아져 나왔지.

나는 의지만 있으면 방법이야 얼마든지 찾을 수 있다고 생각하는 사람이지만, 그들의 입장도 이해가 안 되는 것은 아니야. 소극적·수동적으로 살아온 여자들에겐 나의 주장이 좀 과격하게 느껴졌을 수 있으니까 말이야. 그래도 다행히 집안의 친척들은 내 편이 되어주었어. 덕분에 의병들에 대한 뒷바라지를 계속할 수 있었어.

그러는 한편으로 의병운동을 도울 다른 방법은 없을까 계속 궁리했어. 직접 전투에 참가하지는 못하지만 아군의 사기를 돋우고 적군의 기세를 꺾을 방도를 찾는 게 과제였어.

아하! 드디어 묘안이 떠올랐어. 포고문을 지어 보내고 의병가를 만들어 노래 부르게 하는 거야. 말하자면 심리전으로 동참하는 거지. 그래서 나는 조선 선비의 아내 윤희순의 이름으로 왜장에게 경고문을 보냈어. 앞서 나온 〈왜병대장 보거라〉가 그거야. 또한 〈안사람 의병가〉 등 의병가 9편을 지어서 부인들더러 부르게 했어. 나는 그 노래들을 통해, 의병운동이 중요한 만큼 여자들도 의병이 되어 나라 구하는 데 힘을 보태자는 메시지를 전하고 싶었어. 여기서 중요한 건, 의병활동을 보조하고 지원해주는 데 그치지 않고 직접 의병으로 나서자고 했다는 점이야.

안사람 의병가

아무리 왜놈들이 강성한들

우리들도 뭉쳐지면 왜놈잡기 쉬울세라.

아무리 여자인들 나라사랑 모를쏘냐.

아무리 남녀가 유별한들 나라 없이 소용 있나.

우리도 의병 하러 나가 보세.

의병대를 도와주세.

금수에게 붙잡히면 왜놈 시정(施政) 받을쏘냐.

우리 의병 도와주세.

우리나라 성공하면 우리나라 만세로다.

우리 안사람 만세 만만세로다.

　　노랫말에 나의 순수한 마음이 그대로 나타나있지 않아? 그러나 앞서
도 말했지만 이 노래를 부르고 듣는 '안사람'들은 어쩌면 마음이 불편
했을 지도 몰라. 마음으로는 동조한다고 해도 가정을 실질적으로 이끌
어나가야 하는 주부들로서 집을 떠나 의병 하러 나간다는 것이 보통
결심으로는 힘든 일이잖아? 게다가 목숨을 걸어야 하는 일인 걸? 남자
들도 의병으로 나가려면 목숨을 버릴 각오가 되어 있지 않으면 안 돼.

실성한 사람 같아 걱정이 태산이로소이다

그러면 나의 이러한 행동을 내 남편은 어떻게 생각하고 있었을까? 너무 나선다며 나를 주저앉히고 싶어 하지는 않았을까?

그리고 여자들도 나라를 위하여 일어나자고 했다.

집안일만 하고 문밖출입이 없던 당시 여자들에게 이와 같은 외침은 크나큰 혁명이 아닐 수 없다.

더구나 남자들도 목숨을 나라에 바치라면 도망가는 것이 보통인데 가정부인들에게 이런 엄청난 강요를 한 것은 여간 큰 여걸이 아니고서는 도저히 꿈에도 생각하지 못할 일이다.

(중략)

부인은 이 여자들을 깨우쳐 주기 위하여 안사람 의병가를 지어 모든 여자들이 함께 부르게 했으니 다음과 같다.

내 남편이 쓴 글이야. 이런 경우를 일러 '부창부수(夫唱婦隨)'라고 하지. 남편은 내가 그릇이 큰 여걸임을 잘 알고 있었던 거야.

어쨌든 노력이 헛되지 않아 의병가는 널리 불렸어. 그래도 한편으로는 내가 이런 활동을 주도하는 것에 대해 주변에서 걱정과 염려가 끊이지 않았어. 집안 아주머니가 나를 걱정하며 쓴 편지에는 이런 대목이 나온단다.

저녁이고 낮이고 밤낮으로 소리를 하는데 부르는 소리가 왜놈들이 들으면 죽을 소리만 하니 걱정이로소이다.

실성한 사람 같사옵고 하더니 이젠 아이들까지 그러하며 젊은 청년 새댁까지도 부르고 하니 걱정이 태산이로소이다.

맞아! 인정해! 실성한 사람 같았다는 말이 과장은 아닐 거야. 위험을 무릅쓰고 열성적으로 활동하니까, 남들이 보기엔 제정신인가 싶었을 테지. 하지만 나는 개의치 않았어. 오히려 활동 반경을 넓혔지. 우리 편의 힘을 모으는 것도 급하지만 상대편을 공격하여 저들의 힘을 빼놓는 것도 그에 못지않게 중요하다고 봤거든. 그 중에서 특히 일제의 앞잡이 노릇을 하고 있는 친일파들이 레이더에 딱 걸렸어. 그들이 하는 짓을 도저히 눈뜨고 볼 수가 없는 거야. 몇 줄의 글일망정 날 세워 몰아붙이면 저들도 양심이 있을 테니 좀 뜨끔해하지 않을까 싶었어.

왜놈 앞잡이들아

이 나라에서 태어나서 나라에 은혜는 갚지 못할망정
제 나라를 팔아먹고 제 부모를 팔아먹고,
자기 성, 자기 조상, 자기 식구, 자기 몸뚱어리를 팔아서
돈을 벌며 명의(名義)를 얻어 어느 곳에 쓴단 말인가.
이 짐승 같은 놈들아.

이제라도 마음을 고쳐 모든 죄를 씻어

분기(奮起)하신 너의 조상 앞에 사죄를 고하여라.

후대에 너의 자식 손자까지 대대로 무슨 낯으로

이 나라에서 산단 말이냐.

후대에 너의 자손이 원망하지 않도록 하여라.

이 글은 1896년에 쓴 거야. 친일파들이 혹시 이 글을 읽고 등골이 서늘하다면 참 좋겠다 싶었고, 더 나아가 자기 잘못을 깨닫고 당장 그런 앞잡이 노릇을 그만둔다면 더 바랄 나위가 없겠다 싶었지.

나는 레이더망을 다시 가동했어. 이번에 내 사정권에 들어온 이들은 바로 의병을 '소탕'하는 입장에 있던 관군들이었어. 내가 보기에 오랑캐(일본)를 도와 동족을 해치는 그들은 좀벌레나 다름없더군.

병정노래

우리나라 의병들은 애국으로 뭉쳤으니

고혼(孤魂)이 된들 무엇이 서러우랴

의리로 죽는 것은 대장부의 도리거늘

죽음으로 뭉쳤으니 죽음으로 충신되자

우리나라 좀벌레 같은 놈들아

어디 가서 살 수 없어 오랑캐가 좋단 말인가

오랑캐를 잡자하니 내 사람을 잡겠구나

죽더라도 서러워하지 마라

우리 의병은 금수(禽獸)를 잡는 것이다.

내가 '좀벌레 같은 놈들'이라고 표현하긴 했지만, 우리와 한 핏줄이라는 사실을 생각하니 더 기가 막혔어. 좀벌레 같은 짓을 할망정 그래도 근본을 따져 보면 '내 사람'이잖아. '내 사람'에 대한 애정이 컸기에 동족에게 총부리를 겨누는 그들이 그만큼 더 미웠던 거야.

난 밤낮없이 내가 지은 의병가들을 불렀어. 그러자 동네 부인들이나 청년들, 아이들이 어느새 내 노래를 따라 부르고 있더군. 자꾸 듣다 보니까 익숙해진 거지. 그렇게 내가 지은 의병가들은 입에서 입으로 전해지기 시작했어. 의병항쟁의 양대 기지인 춘천의 이소응 부대와 제천의 유인석 부대에서도 널리 불렸지.

그리고 노랫말에 공감을 표하면서 의병이 되겠다는 사람들이 늘어나기 시작했으니 애쓴 보람이 있었지. 난 싸움터에 못 나가는 대신 그렇게 글로 싸우고 노래로 투쟁했던 거야.

아이가 인질로 잡혀도 눈 하나 깜짝 안 해

그러나 그렇게 애쓴 보람도 없이 10년의 세월이 혼돈 속에 흘러갔어. 결국 1905년 일본이 우리 조선의 외교권을 뺏어가는 내용의 을사늑약이 체결되었지. 전국에서 유생들의 상소가 줄을 이었고, 스스로 목숨을 끊는 애국지사가 한둘이 아니었어. 의병운동도 다시 거세게 일어났어.

1907년 7월에 고종이 강제 폐위되고 군대가 해산되면서 전국은 또다시 항쟁의 열기로 끓어오르기 시작했어. 이제는 해산된 군인들까지 의병에 참여하면서 본격적으로 전쟁이 벌어졌어. 그러나 의기와 투지만으로는 이길 수 없는지, 곳곳에서 전투가 벌어졌지만 전적은 신통치 않았어. 시아버지가 이끄는 부대도 춘천 진병산 의암소와 홍천에서 적군에 패하고 만 거야.

시아버지는 하루 이틀에 끝날 싸움이 아니니 우선 인원을 보강하고 호흡을 가다듬을 필요가 있다면서, 뜻 맞는 사람 600명을 춘천 근처의 골짜기에 모아 군사훈련을 실시했어. 나도 이 때 문중의 여자들 30명을 모아 '안사람 의병단'을 만들어서 훈련에 참여했단다. '우리 안사람도 의병을 할 것이다'던 말을 기어이 행동에 옮기고 만 거야.

안사람 의병단의 활약은 내가 생각해도 참 대단했어. 우선 무기를 들고 군사훈련을 받고 여기저기서 군자금도 모금하고 '안사람'의 특기를 발휘해 식사와 빨래까지 담당하는 등 안팎으로 다양한 활동을 했어. 그뿐만이 아니야. 동네 조무래기들을 모아 쇠똥과 찰흙 등을 섞어 화약을 만들고 놋쇠와 구리를 사들여 무기도 만들었어. 나는 남장을 하고 정보 수집에 나서기도 했지.

자 이렇게 치밀한 준비와 훈련 끝에 우리 의병대는 가평 주길리 전투에 출정했어. 하지만 아뿔싸, 대장인 시아버지가 전투 중에 큰 부상을 당하고 만 거야. 목숨이라도 건진 것을 다행으로 생각해야 했지. 우리는 집으로 돌아와 시아버지의 부상을 치료하는 한편 의병조직을 다시 만드느라 여념이 없었어.

그러던 어느 날 1910년 결국 우리 조선은 일본에 강제로 합병되고 말았지. 나라를 빼앗기다니, 조선이 일본의 지배를 받다니, 이런 원통한 일이 또 어디 있겠어? 울분을 참을 수가 없었어. 그렇다고 가슴만 치고 있을 수도 없는 노릇이잖아.

그동안의 노고가 물거품이 된 셈이니, 이제 앞으로 어떻게 할 것인가를 두고 논란이 분분했어. 가족회의가 열렸는데, 시아버지는 일본의 통치를 받느니 차라리 같이 죽자는 뜻을 비쳤어. 마음 같아서야 백번이고 그러고 싶었지만 일본만 이롭게 하는 일인 것 같아서 난 반대했어. 남편도 나와 같은 뜻이었고. 남편은 중국으로 건너가 후일을 도모하자고 시아버지를 설득했어. 그래서 가족이 함께 중국으로 가게 된 거야. 이듬해에 시아버지와 남편이 먼저 길을 떠났고, 나도 신변 정리가 끝나는 대로 아이들을 데리고 따라가기로 했지.

그런데 시아버지와 남편이 집을 떠난 바로 다음날 일본 순경이 어떻게 알았는지 집에 들이닥쳤단다. 참 이상하지? 누가 고자질이라도 했나? 시아버지와 남편의 행방을 추궁하던 일본 순경은 내가 순순히 응하지 않자 장남 돈상이를 인질로 잡고 매질을 하며 협박했어. 빨리 말하지 않으면 아이를 가만 두지 않겠다고 말이야. 어린 아이를 인질로 잡다니, 정말 일본 순경다운 짓이더군.

자식의 목숨이 경각에 달린 이런 상황에서, 다른 엄마들이라면 어떻게 대응했을지 모르겠어. 하지만 나는 눈썹 하나 까딱하지 않았어. 오히려 호통을 쳤지. "자식을 죽이고 내가 죽을지언정, 큰일 하시는 시아버님을 죽게 알려줄 줄 아느냐? 만 번 죽어도 말 못하겠다"라고 말이야.

이제 주사위는 던져졌어. 일본 순경은 어쩌면 아이를 죽이고 나도 죽였을지 몰라. 하지만 내 기세에 눌렸는지 뭐라고 욕설을 퍼붓더니 그냥 돌아가더군. 나한테는 협박이 통하지 않는다는 걸 알아차린 거야. 그제야 나는 아이를 끌어안고 주저앉고 말았어. 행여 일이 잘못되었으면 어떡해? 사실 속으로는 불안했거든. 하지만 적의 술책에 말려들지 않고 용감하게 맞섰기에 불행을 막을 수 있었던 것 아닐까?

그 일이 있고 나서는 마음이 더 급해졌어. 우리 집안 사람들을 주시하고 있다는 게 분명했으니까. 한시라도 지체하면 안 될 것 같아 곧 살림을 정리하고 중국으로 향했어.

안사람 의병단 지도자에서 노학당 교장으로

교통도 불편하고 잠자리며 먹을 것도 신통찮던 그 시절, 혼자 세 아이를 데리고 중국까지 가는 것 자체도 쉽지는 않았지. 그래도 곧 가족을 만난다는 희망으로 견딜 수 있었고, 이역만리 타국에서 어렵게 상봉한 우리는 드디어 이산가족 신세에서 벗어날 수 있었어.

우리 가족은 중국 땅을 전전하다 의병대장 유인석 및 다른 의병 가족들과 함께 요령성의 신빈현이란 곳에 정착했어. 시아버지와 남편 등 남자들이 모두 의병운동을 하러 떠나고 초막집(풀이나 짚으로 지붕을 이어 조그마하게 지은 막집)에는 여자들과 아이들, 노인들만 남게 됐어. 우리끼리 어떻게든 생계를 해결해야 하는 상황이라 초근목피(草根木皮: 풀뿌리와 나무껍질)로 연명하고 중국인들에게 식량을 구걸하며 버텼지. 그 와중에도 우리는 조선인과 중국인들에게서 군자금을 모아 항일운동단체에 전달했단다.

1912년에는 다시 환인현으로 이사했어. 이제는 나라를 되찾으려면 인재를 키워야겠다는 생각이 들더군. 그래서 난 민족학교인 '동창학교'의 분교 노학당(老學堂)을 세웠어. 신설된 학교니까 우선 안정적으로 운영될 수 있도록 기반을 닦는 게 급했어. 난 교장으로서 운영 자금을 모으느라 동분서주했고, 그러면서 동시에 항일운동도 했단다.

중국인들에게는 일본에 대항해서 함께 싸우자고 설득했어. 우리 조선 사람은 목숨을 내놓을 테니 당신네 중국 사람은 식량과 터전을 달라고 말이야. 또 같은 조선인들에게는 강연과 교육을 통해 독립의지를 심어주고 내가 만든 노래들을 가르쳤어. 망국의 현실에 암담해 하던 동포들의 얼굴에 희망의 빛이 피어나는 걸 보니 정말 보람이 있었어. 그 덕분인지 조선인 동포들이 다들 나를 좋아하고 따랐어. 내 말이라고 하면, 팥으로 메주를 쑨다고 해도 믿을 정도였지.

그러나 하늘도 무심하지, 나의 열렬한 후원자이자 정신적 지주였던 시아버지가 얼마 못가 세상을 뜨고 말았어(1913년). 그리고 2년 후에는 동지이자 반려자였던 남편까지 일본 순경에게 잡혀가더니 결국 시아버지의 뒤를 따랐어. 엄청난 충격에 쓰러질 것 같았지만 마음을 가다듬고 남편의 장례를 지냈어. 그리고는 슬퍼할 겨를도 없이 '의병군가', '안사람 의병가' 등 군가의 보급에 앞장섰어. 병사들의 사기가 떨어지면 큰일이잖아. 나의 이런 모습이 사람들에게 인상적으로 보였는지, 군사훈련을 받겠다고 나선 부인들이 늘어났단다.

시아버지와 남편은 저세상으로 떠났지만 이제 돈상이, 민상이, 교상이 등 세 아들이 든든한 동반자가 되어주었어. 아들들은 독립운동을 같이 할 동지들을 모으고, 군자금을 모금하고, 독립군을 뒷바라지하는 등 나를 도와 궂은일을 도맡아 했어. 하긴, 우리 집안 같은 분위기에서는 아이들이 저절로 독립운동가로 자라날 수밖에 없었을 거야.

이렇듯 항일운동에 열심이다 보니 일본 순경과 밀정들이 끈질기게 따라붙었어. 우리는 그들의 감시와 추적을 피해 여러 곳을 전전할 수밖에 없었는데, 그러기를 20여 년, 어느새 내 나이가 환갑을 훌쩍 넘었더군. 독립의 길은 아직도 멀기만 한데 언제부턴가 주변을 보니 현실에 타협하고 안주하는 사람들이 늘어가는 거야. 하지만, 그럴수록 난 마음가짐을 새롭게 했어.

신세타령

(전략)

엄동설한 찬바람에 잠을 잔들 잘 수 있나

동쪽하늘 밝아지니 조석거리 걱정이라

이리하여 하루살이 살자하니 맺힌 것이 왜놈이라

어리석은 백성들은 왜놈 앞에 종이 되어

저 죽을 줄 모르고서 왜놈 종이 되었구나

슬프고도 슬프도다 맺힌 한을 어이할고

자식 두고 죽을쏘냐 원수 두고 죽을쏘냐

내 한 목숨 죽는 것은 쉬울 수도 있건만은

만리타국 원한 혼이 될 수 없어 서럽구나

(후략)

이렇듯 어려운 상황에서도 꺾이지 않던 나 윤희순이었는데, 큰아들 돈상이 일본 헌병에게 잡혀가 죽자 결국 버틸 힘을 잃고 말았어. 사실 아들의 순국은 자랑스러운 일이지만 어미로서는 가슴이 미어질 일이란다. 난 내가 살 날이 얼마 남지 않았음을 직감했어. 하루하루 생명의 기운이 빠져나가는 것 같았지. 마지막 기운을 다해 「해주 윤씨 일생록」과 「후손에게 남기는 말」을 쓰고는 곧 돈상이의 뒤를 따랐단다(1935년 8월 1일).

이제 지나온 76년의 세월을 돌아보니 참 곡절 많은 인생이었네. 하지만 후회 같은 건 전혀 없어. 그러고 보면 난 참 용감한 여자였던 것 같아. 여자라면 으레 가정의 틀 안에서 '안사람'으로 살아야 했던 시대였거든. 여자는 아내, 어머니, 며느리, 주부로서의 역할이 전부였고, 그래서 관심사도 가정의 울타리를 벗어나기 어려웠는데……. 아무래도 난 '안사람'만으로는 살 수 없는 여자였나 봐!

독자적 학문세계를 구축한
성리학자

임윤지당

1721년 명문 사대부가에서 출생하였다. 집안의 학통이 김장생, 송시열 등 노론계열의 정통 기호학파에 속한다. 드물게 학술 분야에서 이름을 떨쳐 조선시대의 유일한 여성 성리학자로 꼽힌다. 어려서부터 학문에 남다른 재능을 보였고, 둘째 오빠 녹문 임성주로부터 가르침을 받았다. 유교 경전을 독학으로 연구해 높은 경지에 이르렀다. 1793년 73세에 사망하였으며 3년 뒤에 동생 임정주와 시동생 신광우가 유고를 정리해 『윤지당유고』를 펴냈다.

부덕 교육만으로는 만족할 수 없어

난 오늘도 남자형제들의 토론 자리에 끼어 내 생각을 조리 있게 이야기했어. 오빠들은 내 이야기를 주의 깊게 듣더니, 언제 그렇게 공부를 많이 했느냐고 깜짝 놀라더군. 학문의 깊이가 일취월장(日就月將: 나날이 발전한다)이라며 기특해하는 거야. 이렇게 영민한 동생이 있다는 게 자랑스럽다는 말까지 하던 걸? 하지만 오빠들의 표정은 곧 어두워졌어. 내가 남자의 몸으로 태어나지 않은 것이 안타깝다는 거지, 뭐. 여자는 학문을 해도 쓰일 데가 없었으니까.

사실 나는 어려서부터 상당히 학구파였던 모양이야. 지적 호기심이 많았다고나 할까? 우리 집은 형제가 많아서 오빠가 셋, 언니가 하나, 남동생이 둘이나 되는데, 이름난 사대부 집안이라 그런지 집안 분위기가 꽤 학구적이었어. 남자형제들은 틈틈이 유교 경전과 역사에 대해 토론을 벌이곤 했지. 나는 그런 자리마다 빠지지 않고 끼었어. 각자 자신의 의견을 설명하며 논리를 겨루는 것이 참 흥미진진했거든. 물론 나는 '초대받지 않은 손님'이니까 그저 투명인간처럼 앉아서 듣기만 했지만.

그런데 듣자 하니 궁금증이 하나둘 생겨나는 거야. 혼자 아무리 곱씹고 되씹어 보아도 이해되지 않는 대목들이 있었어. 그렇다고 그냥 넘어가면 그 다음 대목에서 연쇄적으로 또 막히게 되니까 어떻게든 알고 넘어가야겠다 싶었지.

그래서 어느 날 아주 조심스럽게 오빠들에게 물어보았어. 그랬더니 모두들 깜짝 놀라는 거야. 학문의 기초가 전혀 없는 사람이 어떻게 그렇게 수준 높은 질문을 하느냐면서 말이야. 어떤 분야든 마찬가지인데, 뭘 좀 알아야 의문도 생겨나는 법이거든. 오빠들은 내가 어려서부터 똑똑하긴 했지만 이처럼 혼자 학문을 깊이 이해하고 있을 줄은 몰랐다면서 아주 신통해했어.

특히 둘째오빠(녹문 임성주)는 내가 남자로 태어났으면 대학자가 되었을 거라며 나의 학문적 후원자가 되어줬어. 『효경』, 『열녀전』, 『소학』과 사서(四書: 대학(大學), 논어(論語), 맹자(孟子), 중용(中庸)) 등 다양한 책들을 갖다 주며 격려해줬지. 나는 낮에는 양반가의 여성으로 갖춰야 할 규범과 살림살이를 익히고 밤이면 책을 읽었어. 얼마나 집중해서 읽었는지, 약간 과장하면, 종이가 뚫어질 정도였어!

그렇게 경전들을 접하고 유학의 이치를 깨닫게 되자 학문의 눈이 새롭게 열리는 것 같더군. 둘째오빠의 말에 의하면 내가 학식이 더 깊어지고 이론의 전개가 더 정연해졌다는 거야. 얼마 후 나는 형제들의 토론에 참여하기 시작했어. 투명인간처럼 말없이 듣기만 하는 게 아니라 당당히 내 견해를 밝히고 상대의 의견을 반박하기도 하면서 그야말로 형제들과 어깨를 나란히 했지.

지금이야 여자들이 학교 성적도 우수하고 어려운 시험마다 수석을 휩쓸지만 한 세대 전만 해도 딸들은 오빠나 남동생을 위해 상급학교 진학을 포기해야 했어. 꽤 최근까지도 여성의 교육은 필수가 아니라 선택으로 여겨졌지. 여자는 숫자만 헤아릴 줄 알면 되고 좀 무식해도 사는 데 크게 지장 없다고 생각했거든. 아니, 여자는 많이 알 필요도 없고 많이 알아서도 안 된다는, 규범 아닌 규범이 그보다 훨씬 오래 전부터 존재했었어. 여자는 지식과 학문으로부터 철저히 격리되고 소외된 계층이었던 거야. 글을 배워 '현실'에 눈뜨게 되면 여자의 본분을 망각하고 남성우월주의적 제도에 반기를 들까봐 두려웠던 걸까? 유교국가 조선에서 가족은 통치의 기본 단위이기도 했는데 그 시스템을 실무적으로 지탱해나간 건 바로 여자들이거든.

물론 여자들을 가르쳐야 할 필요성이 전혀 없지는 않았어. 집안 살림을 책임지고 시부모를 섬기고 손님을 접대하고 제사를 받들기 위해서는 예의범절과 기본 교양 정도는 필요했으니까. 그래서 『내훈』이며 『여사서(女史書)』 등 여자들을 위한 교훈서들이 나오기도 했는데, 현모양처의 소양, 말하자면 '부덕(婦德)'을 강조하는 내용 위주였어. 그것도 그나마 어디까지나 양반가 여자들에게나 해당되는 이야기였지.

지금 천원 권 지폐의 모델이자 대유학자인 퇴계 이황을 모르는 사람 없지? 그는 『규중요람』이라는 책에서 "부녀가 시서, 사기, 소학, 내칙을 읽어 역대 나라 이름과 선대 조상의 명자(名字)를 아는 것은 마땅하나 문필의 공교함과 시사(詩詞)의 찬란함을 아는 것은 사대부가의 부녀가 할 바가 아니다"라고 말했단다.

실학자 이익도 『성호사설』에서 "부인은 부지런함, 검소함, 남녀유별, 이 삼계(三戒)를 알면 족하니라. 독서와 강의는 장부의 일이니 부인이 이를 힘쓰면 폐해(弊害: 나쁘고 해로운 일)가 무궁하니라"라며 여자의 알 바가 어디까지인가에 대해 분명히 선을 긋고 있지.

그러나 호기심 많고 지적 욕구 높은 소녀들은 이런 금지에도 불구하고 지적 호기심을 어떻게든 충족시켜 나갔어. 부덕 교육을 받는 틈틈이 아버지나 오빠로부터 배우거나 혼자 공부했지. 나는 둘째오빠가 평생에 걸쳐 멘토 역할을 해준 경우야.

고기 맛이나 학문이나 끊기 힘들기는 똑같아

나는 어릴 때부터 성리의 학문이 있음을 알았다.

조금 자라서는 고기 맛이 입을 즐겁게 하듯이 학문을 좋아하여 그만두려 해도 그만둘 수 없었다.

이에 감히 아녀자의 분수에 넘는 일임에도 불구하고 경전에 기록된 것과 성현의 교훈을 마음을 다해 탐구하였다.

이건 노년에 그동안 썼던 글들을 책으로 엮으려고 동생 정주에게 보내며 쓴 글이야. 학문의 즐거움을 고기 맛에 비유해 봤는데, 어려서부터 입시공부에 치이는 지금의 10대들이 이 말에 공감할지는 모르겠어.

금지된 것을 좋아하는 건 분명 괴로운 일이지. 아녀자의 분수를 지키지 못하고 주제 넘는 일을 하고 있자니 늘 마음이 불편했으니까. 오르지 못할 나무는 쳐다보지도 말라는 속담도 있잖아. 그러니 끝까지 못

갈 길이라면 일찌감치 포기하거나 적당한 선에서 그만두는 게 나았을까? 그래서 그런지, 제법 학문을 익힌 많은 소녀들이 결혼을 계기로 학문에서 멀어지고 아까운 능력을 썩히게 되었단다.

그런 면에서 보면 내 경우는 좀 특별할 거야. 결혼 후에 몇 년 잠시 중단한 것을 빼고는 평생 학문을 계속했으니까 말이야. 물론 여자가 나설 분야가 아니기에 그만둘 생각도 해봤었어. 하지만 뜻대로 안 되더군. 도저히 그럴 수가 없더라고. 공자는 자신보다 호학(好學: 학문을 좋아하는)한 사람은 못 만나봤다고 했지? 또 그의 수제자 안회는 학문을 너무 열심히 하는 바람에 서른도 안 되어 백발이 되었다던가? 아무튼 학문적 성취는 둘째 치고 학문에 대한 열정만큼은 나도 그 누구에게도 뒤지지 않았다고 자신 있게 말할 수 있단다.

그렇다고 해서 내가 현실을 외면하고 글만 읽고 있었던 건 아니야. 나는 양반가 규수로서 부덕 쌓기에도 소홀하지 않았어. 당시 조선 여자가 익혀야 했던 법도에 충실했지. 사실 우리 집 가정교육이 엄격하기도 했어. 나의 삶과 나의 학문을 이야기하자면 우리 가족 이야기를 빼놓을 수 없을 걸?

나는 1721년 아버지 노은 임적과 어머니 파평 윤씨의 5남2녀 중 차녀로 태어났어. 친가와 외가가 모두 이름난 사대부 집안이라 난 어려서부터 양반 가문에서 행해지던 여성교육, 이른바 부덕 교육을 철저히 받고 자랐어. 양반들의 가문의식이 높던 때라 집집마다 교훈서를 만들어 집안의 법도를 세우곤 했는데, 나도 아버지가 한글로 번역해놓은 옛 교훈서들을 읽으며 행실을 익혔어.

　7~8세 때 어떤 일 때문에 외가에 가서 몇 달 머무르면서 매일 저녁 어른이 잠자리에 드시면 비로소 잠옷으로 갈아입고 저고리와 치마를 잘 정돈하여 시렁에 올려놓고 잠들었다.

　깨어날 때는 반드시 어른들보다 먼저 일어나 침구를 거두고, 세수하고 빗질하고 평상복을 갈아입었다.

　종일토록 어른을 모시고 앉아 있으면서 발자취가 마루 아래로 내려가는 일이 없었다.

　돌아올 때까지 이렇게 시종여일하게 하니 보는 사람들이 모두 기특하게 여겼다.

　누구의 이야기냐고? 바로 내 이야기야. 나중에 동생 정주가 내 어린 시절을 떠올리며 기록해 놓은 글이야. 지금으로 치면 초등학교 1학년 정도 되었을 땐데 내가 봐도 참 의젓하고 어른스럽네. 그러고 보면 어려서부터 총명하고 조신하다는 칭찬을 많이 듣긴 했어. 가정교육이 엄하기도 했지만, 타고난 성품도 그러했노라고 말해도 될까? 나뿐만이 아니라 전체적으로 형제들이 이처럼 반듯하고 똑똑해서 남들이 우리 부모님을 많이 부러워했지. 자식농사를 잘 지었으니 밥을 안 먹어도 배가 부르겠다면서 말이야.

　자식들의 효심이 깊고 형제끼리 우애가 좋으니 집안은 늘 화목했어. 노론과 소론의 다툼으로 세상이 어지러웠지만, 지방 현감으로 있던 아버지가 임기를 마치고 종5품 벼슬인 함흥 판관으로 승진하는(1725년) 경사도 있었지. 그러나 기쁨도 잠시, 2년 후 아버지는 벼슬을 그만두었고, 아예 청주 산골마을로 내려가 살자고 하시더군. 이사 준비로 분주한 가운데 어느 날 아버지가 그만 전염병에 걸려 돌아가시고 말았어. 내 나이 겨우 여덟 살이었지. 집안의 기둥인 아버지가 갑자기 세상을 떠나자 가족들은 어려움을 겪게 되었어. 아버지가 워낙 청렴결백한 분이라 경제적으로도 힘들었어. 오죽하면 장례를 치를 비용이 없어 남에게 빌렸을까.

시간이 지나면서 다행히 집안이 차차 안정되어 갔어. 살림은 넉넉지 못해도 학문에 정진하는 분위기도 여전했고 말이야. 큰오빠(임명주)가 관직에 나가 서울에서 벼슬살이하는 동안 둘째오빠가 동생들 교육을 맡는 등 오빠들이 아버지의 빈자리를 잘 메워나갔지. 2년 후 우리 가족은 생전에 아버지가 점찍어두었던 청주의 옥화로 이사했어. 그리고 나는 이 무렵부터 둘째오빠로부터 유교 경전과 역사를 본격적으로 배우기 시작했어.

결혼 후 틈틈이 남모르는 공부를

어느덧 열아홉 살이 되어 혼기가 꽉 차자 강원도 원주에 사는 신광유를 남편으로 맞았지. 시가는 대대로 벼슬도 하고 경제적으로도 꽤 유복한 집안이었어. 남편은 시가 큰아버지의 양자가 되어 있는 상태라 나는 남편의 생모와 양모, 두 시어머니를 모셔야 했어. 장자 상속의 관습이 엄격하던 시절이라 그런 일이 드물지 않았어.

그러나 결혼생활 8년 만에 남편이 세상을 뜨는 바람에 청상과부가 되고 말았어. 게다가 난산 끝에 어렵게 얻은 아이마저 곧 죽어버렸으니, 난 내 박복한 운명이 야속하기만 했어. 남편도 자식도 없는 고독한 신세가 되었으니 말이야. 그렇다고 남편의 뒤를 따라 죽어야 할까? 난 그렇게 '열녀'가 되느니 차라리 시어머니 두 분을 모시고 시동생들 가족과 함께 살며 맏며느리로서의 역할에 충실하기로 했어. 다행히 시동생들은 나를 진심으로 존경하고 따랐지. 특히 큰 시동생(신광우)은 벼슬하느라 집을 떠나 있을 때도 나와 편지를 주고받으며 집안일을 상의했어.

내 나이 마흔 살 되던 해, 생활에 큰 변화가 생겼단다. 큰 시동생의 장남 재준을 양자로 들인 거야. 젖먹이 때부터 키워 애틋한 정이 친 모자 지간이나 다름없었어. 또 몇 년 후 시어머니 두 분이 차례로 세상을 떠나면서 이제 비로소 집안의 웃어른이 되어 살림살이와 대소사를 직접 관리하게 되었어.

이런 나에게 줄곧 나만의 세계가 따로 있었다는 것을 같이 사는 누구도 알지 못했단다. 평소 책을 가까이 하는 모습을 남에게 보인 적이 결코 없었고, 학문에 관한 내용을 입에 올린 적도 없었거든. 우선 내 본분을 다하는 것이 중요하기도 했고, '아녀자'로서 분수에 넘치는 행동을 드러내놓고 할 수도 없었어. 어린 시절에도 그랬지만 학문을 한다는 것이 마냥 조심스럽기만 했거든. 그나마 하루 일과가 다 끝나서 혼자 있을 때나, 또는 친정에 가 있을 때에나, 하고 싶은 대로 마음껏 공부를 할 수 있었어. 꾸준히 경전을 읽고 공부한 내용을 글로 써두는 식으로, 그렇게 '남모르는 공부'를 계속했단다.

사실 이런 것은 누가 시킨다고 될 일은 아닌 것 같아. 학문 자체를 즐기는 마음이 없다면 힘들겠지? 천재는 노력하는 자를 이길 수 없고, 노력하는 자는 좋아하는 자를 이길 수 없고, 좋아하는 자는 즐기는 자를 이길 수 없다고 하잖아.

앞에서도 얘기했지만 아마 집안 내림이나 가풍과도 관계가 있는 것 같아. 그 덕분인지 둘째오빠와 동생 정주도 대학자로 이름을 떨쳤어.

특히 둘째오빠는 내겐 오빠 이상의 존재였어. 나보다 열 살이 많았는데, 끼친 영향으로 따지면 스승 못지않아. 어려서부터 오빠가 권해주는 책을 읽고 모르는 부분이 있으면 질문하고 함께 토론도 했지. 오빠는 내 평생의 학문적 후원자였어. 오빠의 가르침과 지원이 없었다면 지금 내가 조선의 유일한 여성 성리학자로 불리는 일도 없었을 거야. 내가 사대부 남자들의 전유물이었던 성리학을, 여자에게 허용되지 않던 철학을 공부할 수 있었던 데는 그만큼 오빠의 공이 절대적이었어.

오빠는 내게 '윤지당(允摯堂)'이라는 당호를 지어준 사람이기도 해. 윤지당은 유가에서 이상적 여성으로 꼽는 태임(太任)과 태사(太姒)에서 따온 말이야. 태임은 중국 주나라 문왕의 어머니이고 태사는 문왕의 부인이란다. 특히 태임은 성인으로 칭송을 받았는데, 신사임당의 사임(師任)

도 태임을 스승으로 섬긴다는 뜻을 지니고 있지. 오빠는 태임의 친정 고향에서 지(摯) 자를 가져와서 내 당호를 지었는데, '태임과 태사를 본받아 여성 성인이 되라'는 뜻이었어.

나는 결혼 후에도 경전을 읽다가 모르는 부분이 나오거나 풀리지 않는 대목이 있으면 오빠에게 편지를 써서 물어봤어. 휴대폰이 없던 시절이니까 일일이 편지를 인편으로 주고받아야 했지. 오빠는 내 질문에 성의껏 답해줬고, 남매간의 편지를 통한 학문적 대화는 그렇게 오래도록 이어졌단다.

여기서 오빠 자랑을 잠깐 한다면, 오빠 녹문 임성주는 화담 서경덕의 기(氣)철학을 계승·발전시킨 18세기의 대표적 성리학자로 평가되고 있어. 사학자 '현상윤'은 한국유학사를 서술한 『조선유학사』라는 책에서 퇴계 이황, 율곡 이이, 화담 서경덕, 녹문 임성주, 노사 기정진, 그리고 한주 이진상을 조선 성리학의 6대가로 꼽기도 했지. 그만큼 뛰어난 학자였는데도 오빠는 애당초 입신양명에는 뜻이 없었어. 오빠는 열여섯 살 때 율곡의 천인합일설(天人合一說)에 깊이 감명을 받고는 줄곧 성인의 길을 목표로 공부와 수양에 매진한 사람이야.

지구는 아마도 계란 모양일 것

　그러면 성리학자로서 나의 학문 세계는 어떤 것이었는지 궁금하지? 나중에 정주가 말하기를 "누님의 학문은 유래가 있다"며 내 학문적 계보를 밝혀놓은 게 있으니 그걸 참고하면 되겠군.

　내 친정 집안은 사계 김장생, 우암 송시열, 황강 권상하, 도암 이재로 이어지는 노론 핵심 계열의 정통 기호학파에 속한단다. 고조부는 김장생 문하에서 공부했고, 아버지는 권상하의 문인이었으며, 둘째오빠 임성주는 이재의 제자였어. 그리고 나는 둘째오빠와 사제지간이나 마찬가지였지. 그러니 내 학문도 당시 주류 성리학의 흐름에서 벗어나지 않는다고 볼 수 있어. 학문을 통해 궁극적으로 성취하려 했던 것도 성인의 도를 추구했던 오빠의 그것과 비슷하고 말이야. 내가 죽은 후에『윤지당유고』라는 문집이 나왔으니 혹시 관심이 있다면 한번 살펴보기를.

　내 문집에 대한 설명을 잠깐 한다면『윤지당유고』에는 경전의 주석에 해당되는 경의(經義)와 논문과 비슷한 설(說)과 인물론 등이 실려 있어. 이 중에서 후대에 특히 주목 받은 것은 2편의 경의와 6편의 설이야.

　경의는 말하자면 유교 경전을 풀이해놓은 건데, 나는 젊은 시절부터 심혈을 기울여 연구해온『대학』과『중용』의 주요 구절들을 분석해 설명을 덧붙이고 내 견해를 기록해두었지. 나는 경전을 해석하는 데 있어 대체로 주자(朱子: 중국 송대의 유학자. 성리학은 주자학이라고도 불림)의 정설을 따른 편이야. 물론 나 나름대로 독자적인 해석을 시도하기도 해서,

몇몇 대목에서는 주자의 견해에 의문을 표하기도 했어. 또, 경전 글자나 문구 하나하나에 지나치게 의미를 부여해 해석하는 태도를 비판하고 핵심 내용 위주로 풀이했단다.

한편 6편의 설에서는 당시 학계에서 이슈가 되고 있던 성리학의 주요 주제들을 논리적으로 풀어냈어. 이기심성설(理氣心性說), 인심도심사단칠정설(人心道心四端七情說), 예악설(禮樂說), 극기복례위인설(克己復禮爲仁說), 치란재득인설(治亂在得人說), 오도일관설(吾道一貫說)이 바로 그것이야. 어렵게 느껴질 테니 자세한 내용은 생략할게.

그런데 여기서 한 가지 밝혀두고 싶은 것은 내가 '이기심성설'에서 '지구가 계란 모양일 거'라고 추측했다는 점이야. 난 천지의 조화를 논하면서 '하늘이 땅을 둘러싸고 땅이 그 가운데 있으니 지구의 모양이 계란과 비슷할 거'라고 봤어. 실학이나 서양의 자연과학을 접할 기회가 없었는데도 나는 '지구가 둥근 모습일 거'라고 추론한 거야. 게다가 이런 이론은, '하늘이 계란껍데기처럼 땅을 감싸고 있긴 하지만 땅이 물 위에 떠있고 태양이 밤에는 물속에 잠긴다'는 중국의 우주관(혼천설)과도 다른 거란다. 내 우주론을 더 발전시키지 못하고 여기서 그치고 만 것은 정말 아쉬워. 하지만 이성의 힘, 사유의 힘을 다시금 확인하게 되지?

나는 사람의 성품에 대해서도 내 나름의 시각이 있었어.

순수하게 선하고 악이 없는 것이 본연의 성품인데,

이는 하나의 원리에 근원을 둔 것으로서

모든 사람들이 똑같이 부여받은 것이다.

'이기심성설'의 내용이야. 여기서 '모든 사람'이라고 했는데, 여기엔 당연히 여자도 포함된단다. 비슷한 의미를 지닌 대목은 '극기복례위인설'에도 나와.

아아, 나는 비록 여자지만 천부적으로 부여받은 성품은 남녀 간에 다름이 없으니,

비록 안연(안회, 공자의 수제자)이 배운 바를 능히 따라갈 수는 없다 하더라도

내가 성인을 사모하는 뜻은 매우 간절하다.

그러므로 내가 알고 있는 바를 대략 서술하여 내 뜻을 밝힌다.

자, 여기서 내가 학문적으로 끊임없이 고민했던 주제가 나와. 성리학은 이론상 누구나 성인이 될 수 있다고 하지만 사실 그 '누구나'는 사대부 남자들만 가리키는 거였어. 나는 학문이 깊어질수록 성리학에 있는 이러한 차별적 요소에 의문을 품었고, 여자도 과연 성인이 될 수 있는지 계속 자문했어. 그리고 결국 나름의 해답을 얻어냈어. 바로 하늘에서 부여받은 본성은 남녀가 같으며, 남녀는 우열의 관계가 아니라 보완해주는 관계인 거라고 결론 내린 거야.

남자는 씩씩하고 여자는 유순한 것은 각기 그 법칙이 있는 것이다.

성인 태사(聖姒)와 성인 문왕(聖文)의 업적이 서로 달랐던 것은 그 분수가 달랐기 때문이다.

(중략)

서로 처지가 바뀌었더라도 그렇게 했을 것이다.

그런즉 부인으로서 태임과 태사처럼 최선을 다하지 않으면 자포자기한 사람이다.

또한 나는 사람이 만물의 으뜸이 되는 존재라고 생각했어. 모든 사람은 하늘로부터 순수하고 선한 본성을 부여받았기 때문에, 아무리 어리석은 사람이라도 수양을 쌓아 본성을 회복하면 누구나 성인이 될 수 있다고 본 거지. 그러니 스스로 노력한다면 성인의 경지에 오르는 길은 누구에게나 열려 있다고 믿었고, 나 스스로 그렇게 실천하려고 노력했어. 나는 철저하게, 아니 처절할 정도로, 자기 수양에 힘썼어. 남이 한 번 노력하면 나는 천 번 노력한다는 것이 내 신조였으니 수양의 강도를 짐작할 수 있겠지?

경기장 밖에서 혼자 완주한 마라토너

내 나이 어느덧 예순을 넘긴 1782년, 아주 기쁜 일이 생겼어. 둘째오빠가 내가 사는 원주로 이사 온 거야. 오빠가 원주에 있는 동안 자주 왕래하고 지냈음은 물론이고, 오빠가 원주를 떠난 뒤에도 우리는 편지를 계속 주고받았어. 내게는 오빠와 그렇게 학문적인 대화를 나누는 것이 큰 즐거움이었단다.

그 몇 년 후 나는 그동안 틈틈이 써놓은 글들을 책으로 묶고 싶다는 생각이 들었어. 그래서 원고를 일일이 베껴 써서 동생 정주에게 보냈지.

나는 어릴 때부터 성리의 학문이 있음을 알았다.

(중략)

수십 년의 세월이 지나자 조금 말을 할 만한 식견이 생기게 되었다.

그러나 문장으로 저술하려고 아니하여 마음속에 간직해두고 드러내지 않았다.

이제 노년에 이르러 나도 죽을 날이 얼마 남지 않았다.

문득 하루아침에 갑자기 죽으면 아마도 초목과 같이 썩어버릴 것이다.

그래서 집안일을 하는 틈틈이 여가가 날 때마다 글로 써두었다.

그것이 모여 마침내 커다란 두루마리가 되니 모두 40편이다.

그러나 문집은 내가 죽은 후에 나왔어. 그럴 만한 사정이 있었어. 불행한 일들이 마치 쓰나미처럼 한꺼번에 닥쳐온 거야. 친정어머니와 형제들이 차례로 죽더니 애지중지한 양자 재준도 삼남매를 남긴 채 스물여덟의 나이로 요절(夭折: 젊은 나이에 죽음)했지. 게다가 그 다음 해에는 평생을 의지해온 둘째오빠가 병으로 세상을 떠난 거야.

아무리 심지가 굳은 사람이어도 가까운 가족의 죽음을 연속으로 겪게 되면 마음이 약해지는 게 인지상정(人之常情: 사람이면 누구나 가지는 보통의 마음)이잖아. 더구나 내 나이 이미 칠순이었어. 나는 참는 것도 덕이 된다며 마음이 흐트러지지 않도록 스스로를 타일렀지만 얼마 못 가 오빠의 뒤를 따랐어(1793년).

3년 뒤에 동생 정주와 시동생 신광우가 나의 삶과 학문을 기리겠다고 『윤지당유고』를 펴냈어. 내 일생을 결산하는 저작인 셈인데 그 책을 본 사대부 남자들이 내린 평들이 재미있어서 소개할까 해.

형조판서를 지낸 문신 이민보는 "천부적인 식견을 타고났으며, 성리학과 인의의 논의에서는 고금의 여성들 중에서 제1인자"라고 했고, 학자이자 시가의 인척이기도 한 이규상은 자신의 인물지 『병세재언록』에서 "부인이 이학과 문장을 잘했던 것을 익히 들었"다면서 "그 제문과 경의를 보니 견식과 문장 솜씨가 스스로 일가를 이루고 있어 반소와 비길 만하다"고 평가했지. 반소는 중국 후한의 역사학자로서 반고의 여동생이야. 반고가 『한서』를 완성하지 못하고 죽자 그 일을 계승하여 마무리 지었어.

그런데 뛰어난 문장가였던 유한준은 "내용과 의미는 심오하고 독창적이며, 문장은 상세하고 아담하여 읽고 외울 만하다"고 호평하면서도 "윤지당이 이 책을 지은 것이 설사 여성으로서 바람직한 바가 아니었다고 하더라도……"라며 여자가 학술서적을 펴낸 것에 대해 살짝 거부감을 드러내고 있지.

그러나 조선 후기에는 나처럼 자신의 저술을 남기는 여자들이 꽤 있었어. 그들은 인물전, 기행문, 교육서, 백과사전, 산문집 등 다양한 장르에서 자신의 식견을 자랑했단다. 가정백과사전 『규합총서』를 펴낸 이빙허각, 세계 최초의 태교 전문서 『태교신기』를 쓴 이사주당, 기행문 『호동서락기』를 쓴 김금원, 『의유당일기』의 남의유당 등 이 시기에 저서를 남긴 여성들이 15명이 넘었으니까.

이런 여자들의 활약이 사대부 남자들의 눈에 곱게 비쳤을 리 없어. 이익은 "고금의 역사에 통하고 예의를 논하는 부인들이 반드시 몸으로 실천하지도 못하고 그 폐해가 무궁했음을 가끔 볼 수 있다"라며 불편한 심기를 드러냈고, 이덕무도 『사소절』이라는 수양서에서 "여자가 함부로 시사를 지어 외간에 퍼짐은 불가하다"라며 여성의 지적 활동을 어떻게든 막으려 했단다. 하지만 이를 뒤집어 생각해 보면, 당시 독서와 학문을 즐기고 시를 짓는 등 남자들의 고유 영역을 침범한 여자들이 적지 않았다는 얘기가 아닐까?

성리학자 임윤지당이란 이름은 대부분의 사람들에게 아직 낯설게 느껴질 거야. 나의 존재가 학계에서 비중 있게 다뤄지지 않았으니까. 이런저런 면들을 종합해보면, 사대부 남자들은 우주와 인간심성을 논하는 고차원적 세계에 여자들이 끼어드는 걸 원치 않았고, 그래서 나의 경우를 그저 일회적 사건으로 여기려 했던 것 같아. 어쩌다 발생한 특이한 일로 바라본 거지. 혹시 나의 존재가 그들의 경계심을 자극했을까? 나의 존재가 그들에게 불쾌감을 안겨준 것일까?

적절한 비유인지 모르겠지만 나는 가끔 내가 외로운 마라토너가 아니었나 싶어. 성별이 여자라는 것이 실격 사유가 되어 출전을 금지 당한 마라토너. 그런데도 혼자 경기장 밖에서 자기 페이스를 유지하며 완주한 마라토너 말이야.

게다가 완주만 한 게 아니라, 여자를 배제시키는 경기규칙이 부당하고 여자도 신기록에 도전할 수 있다는 논리적 근거까지 찾아낸 거야.

그럼 내가 신기록을 세웠느냐고? 그건 내가 성인의 경지에 올랐느냐는 질문인데, 그게 어디 말처럼 쉬운 일이겠어? 다만 동생 정주가 유고집 발문에서 "아, 누님 같은 사람은 진실로 규중(閨中)의 도학(道學)이요, 여인들 중의 군자라고 할 만하다"라고 말한 것으로 대답을 대신할까 해. 내가 학문적 이상을 실천하기 위해 평생토록 수양하고 정진한 것은 사실이니까.

죽음을 각오하고 포교에 뛰어든
천주교 최초의 여성회장

강완숙

1760년 충남 내포 지방의 양반 가문에서 태어났다. 초기 천주교회의 순교자이며 최초의 여성회장
이다. 세례명은 '골롬바'다. 밀입국한 중국인 신부를 목숨을 걸고 보호하면서 6년간 포교활동을 도
왔다. 언변이 좋고 신망이 두터워 신자들을 많이 입교시켰다. 초기 교회를 유지하는 데 헌신하다
1801년 신유박해가 일어나자 체포되어 갖은 고문에도 신부의 행방을 발설하지 않고 순교했다.

'전도의 괴수' 강완숙

"인륜을 무너뜨리는 사학을 신봉하고 전파하여 혹세무민하였으니, 너의 죄는 역률(逆律: 역적을 처벌하는 법률)로 다스려야 마땅함을 아느냐?"

"천주학을 배워 스스로 믿었으니 형벌을 받아 죽더라도 조금도 후회가 없다."

"네 여종이 모든 것을 털어놓았으니 이제는 감춰 봐도 소용없다. 신부가 숨어 있는 곳을 어서 대라!"

"그분이 전에는 내 집에 계셨으나 지금은 모른다."

"매운 맛을 보아야 정신을 차리겠느냐?"

형리(刑吏: 지방 관아의 형방에 속한 공무원)들은 내 다리 사이에 끼워진 막대기 두 개를 비틀기 시작했어. 순간 다리가 뒤틀리면서 까무러칠 것처럼 고통스러웠지. 하지만 나보다 더 고생하고 있을 신부님을 생각하면 이 정도 고통쯤이야……. 이런 고문이 무서웠다면 애당초 이 길을 택하지도 않았을 거야.

일명 '주리를 튼다'고 하는 이 형벌은 형벌 중에서도 참으로 악랄한 거란다. 주리를 오래 틀면 죄수의 팔다리가 부러지게 돼. 오죽하면 형이 너무 가혹하다는 이유로 70년 전(1732년, 영조 8년)에 금지되었겠어? 하지만 죄인의 자백을 받아야 할 때 '효과'가 워낙 탁월하니까 암암리에 이용되어 왔지. 수많은 박해 때마다 이 형을 받은 신자들이 십중팔구 바로 천주교를 버렸을 정도니 그 고통이 어느 정도인지 짐작할 수 있겠지?

그런데 주리를 여섯 번이나 트는 혹독한 고문에도 내 표정에 아무 변화가 없고 목소리나 기색이 그대로니까 오히려 형리들이 깜짝 놀라고 말았지. 자기들끼리 속닥거리는 소리가 내 귀에 들려왔어.

"허 참, 이건 사람이 아니라 귀신이구먼."

나는 신부님이 숨어 있는 곳을 대기는커녕 오히려 형리들과 관리들에게 즉석 강연을 했어. 공자 등 옛 성현들의 말씀을 인용해가며 천주교가 사악한 종교가 아니라는 것을 일러주고 알아듣기 쉽게 교리도 설명해줬지. 형리들은 내 학식과 조리 있는 말씨에 감탄이라도 했는지 한참 듣더니 한 마디 내뱉더군.

"거 참 유식한 여인이구먼."

내가 왜 옥에 갇혀 이런 형벌과 추궁을 당하는지 몹시 궁금할 거야. 신부님이 숨어 지내야 하는 것도 이해가 안 될 거고 말이야.

서양에서 전래된 천주교는 줄곧 박해의 대상이었어. 19세기로 막 접어든 1801년, 천주교에 대해 너그럽던 정조가 세상을 뜨고 순조가 즉위하면서 노론 벽파가 집권하게 됐어. 곧이어 천주교에 대한 대대적인 박해가 시작되었는데, 이를 '신유박해'라고 해. 나는 '여신자들의 괴수'라는 혐의에 외국인 신부를 숨겨준 혐의까지 더해져 체포된 거란다.

순조실록을 보면 나에 대해 "강완숙이 여류들의 괴수인데, 주문모란 자를 집에 숨기고는 성명과 거주지를 어지럽게 변경하여 속인 간사한 형상이 수없이 많으므로 누차 고문을 더하였으나, 죽기를 작정하고 버티어 굳세게 숨겼다"라고 기록되어 있어(순조 1년(1801년) 10월 27일).

자, 판결이 내려졌어. 예상했던 대로 사형이 선고되었지. 형이 언제 집행될지 알 수 없는 상황이라, 함께 옥에 갇힌 신도들과 기도하며 평온한 마음으로 죽음을 준비했어.

물론 신도들 중에는 모진 고문을 못 이기고 배교(背敎: 믿던 종교를 배반함)하는 이들도 있었어. 내 아들 홍필주도 그럴 뻔했으니까. 하지만 난 아들이 그릇된 길로 빠지는 걸 두고 볼 수 없었어. 믿음을 배반하고 지상에서의 삶을 연장한들 그것이 무슨 의미가 있겠어? 난 "아들아! 왜 눈이 어두워져 영혼을 죽이려 하느냐. 하느님께서 너의 머리 위에서 지켜보고 계신다. 용기를 내어 천상의 복을 생각하자"고 간곡하게 설득했고, 결국 필주는 마음을 다시 다잡고 순교할 수 있었지.

옥중 생활 석 달째로 접어들던 5월 23일, 드디어 사형 집행일이 되었어. 어차피 죽음을 각오한 마당이니 행복한 마음으로 임할 수 있었어. 나는 네 명의 여신도와 함께 수레에 실려 처형장으로 끌려갔어. 처형장은 지금으로 치면 서울의 서소문 밖에 있었어. 가는 길에도 우리는 전혀 두려워하지 않고 기도하고 노래 부르며 서로 격려했어. 우리의 그런 모습을 보고 오히려 길가에서 구경하던 사람들이 놀라더군.

형장에 도착했는데, 형리들이 우리더러 옷을 벗으라고 하는 거야. 국법상 그렇게 되어 있다면서 말이야. 하지만 나는 여자들에게도 그대로 적용하는 건 문제다 싶어서, 옷을 입은 채 형을 받게 해달라고 요구했어.

국법에는 사형을 당하는 자의 옷을 벗기라고 명해졌으나 여자들을 그렇게 다루는 것은 온당치 않을 것이니, 옷을 입은 채로 죽기를 청한다고 상관에게 알리시오.

자기들이 생각해도 너무 했다 싶었던지 받아들여졌지. 여신자들의 '괴수'인 내가 먼저 형을 받는 게 맞겠다 싶어서 가슴에 십자성호를 긋고 먼저 형을 받았단다. 내 나이 41세였어.

죽기엔 너무 아까운 나이라고? 어쩌다 이렇게 순교까지 하게 되었느냐고? 나 강완숙이라는 사람의 인생을 말하자면 우선 우리나라 천주교의 피 맺힌 역사를 이야기하지 않을 수 없어.

신유박해가 1년에 걸쳐 계속되었는데 그때 처형된 교인들 중에서 지도자급 인사만 3백 명이 넘었어. 지금은 종교의 자유가 기본적 인권에 속하는 사항이지만 그때만 해도 전혀 '아니올씨다'였거든. 우리나라에 전래된 지 2백 년이 넘었고 지금은 3대 종교의 하나로 꼽히지만, 초기의 천주교는 탄압의 대상일 뿐이었어. 최초의 조선 천주교회가 만들어진 다음해인 1785년부터 한국·프랑스 수호통상조약이 비준된 1887년까지 백여 년간 크고 작은 수난이 끊이지 않았는데, 특히 1801년 순조가 즉위한 뒤부터는 신유박해를 시작으로 조직적인 박해가 진행되었지.

초기에 몇몇 학자들의 학문적 연구 대상이던 것이, 차츰 남인 식자층과 일부 민중 사이에서 세상을 구원할 구세(救世)종교로 여겨지며 18세기 말에 교세가 엄청나게 커졌거든. 이는 유교사회의 지배체제에 대한 정면 도전이나 마찬가지였어. 특히 천주 앞에 누구나 평등하다는 사상은 사대부 남성 중심의 가부장적 신분질서를 위협하는 거였지.

뒤집어 얘기하면 억압 받던 여자들이나 천민들에게는 그야말로 새로운 세상이 열린 격이었어. 여자들의 경우엔 특히 더 그랬어. 천주교 교리에서는 남녀가 평등하다면서 일부일처제(一夫一妻制: 한 남편이 한 아내만 두는 혼인제도)가 옳다고 하니, 여자의 '한 많은 일생'이 더 이상 숙명이 아니란 걸 깨닫게 된 거야.

그때는 '칠거지악(七去之惡)'이라는 것이 있어서 7가지 가운데 하나라도 해당되면 남편이 일방적으로 아내를 내쫓을 수 있었는데, 그 중의 하나가 바로 '아들 없음(無子)'이었어. 남자들은 이를 핑계로 첩을 들이곤 했거든. 천주교는 이에 대해 아주 엄격해서, 교인은 첩을 둘 수도 없고 또 첩이 될 수도 없다고 했지.

이뿐만이 아니야. 과부의 재혼을 허용하고, 본인들의 의사에 의한 자유결혼을 권장하기도 했어. 좀 유식한 말로 하면, '천부인권' 또는 '행복추구권'에 바탕을 둔 새로운 윤리관을 보여주었다고 할까? 또한 우리 조선의 여자들은 이름이란 것을 가져본 적이 없었는데, 세례(洗禮: 입교하는 사람에게 모든 죄악을 씻는 표시로 베푸는 의식)를 받으면 저마다 세례명이 생기니 고유의 이름으로 불리는 것 자체도 새로운 경험이었단다. 천주교를 받아들인 여자들은 남존여비의 이데올로기에서 스스로 자유로워질 수 있었지.

마른하늘의 단비 같던 천주교

그러면 나는 대체 어떤 경로로 천주교 신자가 되었을까? 더불어 내가 평신도로 그치지 않고 조선 천주교사에 손꼽히는 지도자가 된 배경은 무엇일까?

그건 아마 내가 종교적 가치를 추구하는 성향이 높았기 때문일 거야. 하긴 내가 생각해봐도 어려서부터 좀 남다른 데가 있었던 것 같아. 열 살 무렵에 벌써 수도자가 되겠다는 생각을 하고 어른들을 따라 염불을 외웠으니 말이야. 그러나 어린 마음에도 불교는 왠지 내게 맞지 않는 것 같다는 생각이 들어서 곧 그만두었어.

그러다 어느덧 시집갈 나이가 되어, 충청도 덕산에 사는 홍지영이란 사람과 결혼했어. 남편은 한 번 결혼한 적이 있어서 남편이 전처와의 사이에서 낳은 아들 필주를 키우며 시어머니를 모시고 살았지. 결혼생활은 그다지 행복하지는 않았어. 경제적으로 넉넉했고 시댁 가족과도 사이가 좋았지만, 가장 중요한 남편과의 관계가 늘 삐걱거렸거든. 남편과 마음이 맞지 않으니 하루하루 답답하고 우울하기만 했어. 오죽하면 속세를 떠나고 싶다는 생각까지 들었겠어? 지금 같으면 우울증이라는 진단이 나왔을 거야.

내가 죽고 나서 한참 뒤인 1870년대에 프랑스인 선교사 클로드 샤를 달레가 쓴 『한국천주교회史』를 보면 나의 어두웠던 결혼생활에 대한 기록이 나와. "그 사람(남편)은 극도로 순박하고 조금도 총명한 데가 없어 강완숙은 그와 화합하여 살기가 힘들었고 많은 근심을 겪게 되었다"고 씌어 있지.

그래도 사람이 죽으란 법은 없나 봐. 어느 날 접하게 된 천주교는 내게 마른하늘의 단비 같은 거였어. 내가 천주교를 어떻게 접하게 되었는지, 나를 천주교로 인도한 사람이 누구였는지 분명한 기록이 남아 있지 않아서 후대에 이런저런 추정을 하는 것 같던데, 시댁 쪽 친지로부터 영향을 받았다고 생각하면 될 거야. 대표적 남인 학자이자 천주교를 깊이 신봉하던 다산 정약용의 집안과 시댁 집안이 인척 관계였거든.

난 천주교에 대한 이야기를 듣고는 우선 그 말의 의미를 곰곰이 생각해봤어. '천주(天主)'라면 하늘과 땅의 주인을 뜻할 테고, 이름이 바르니까 그 교리도 진리일 거라 생각되었지. 바로 책을 구해 읽기 시작했는데, 읽을수록 마음이 기울어져 곧 믿음을 갖게 되었어. 천주교 신자가 된다는 건 당시로서는 상당한 모험이었지만 난 망설임 없이 신앙으로 받아들였단다.

덕산에 천주교가 전해졌을 때 가장 먼저 입교한 사람이 아마 나였을걸? 난 천주교의 교리에 매료되어 가족과 친구, 친척, 이웃 등 주변 사람들에게 전도하기 시작했어. 본래 내가 말솜씨가 좀 있는 데다 주변에서도 내 사람됨을 좋게 봤던 터라, 내 말을 믿고 입교하는 사람이 점점 늘어났지.

하지만 뜻대로 안 되는 사람이 딱 한 명 있었는데, 바로 남편이었어. 온 집안 식구에 이웃 마을까지 전교가 되었는데도 남편은 주관이 없는 사람이라 마음이 오락가락했어. 내가 교인이 되라고 권하면 "옳소, 옳아!" 하고 대답하는 거야. 그러고는 천주교를 비난하는 사람들 앞에선 또 머리를 끄덕이며 그들의 말에 맞장구를 치고는 했지. 그러다 다시 내가 왜 변덕을 부리느냐고 하면 눈물을 흘리며 잘못을 뉘우치는 식이었어. 남편에 대한 전교는 끝내 성과를 거두지 못했지만, 다행히 시어머니와 아들 필주는 나에 대한 신뢰가 강해서 마지막까지 서로 믿고 의지하는 관계가 되었단다.

때마침 일어난 '진산사건'과 신해박해(1791)는 내 생활에 큰 변화를 가져 왔어. '진산사건'은 전라도 진산군의 양반 윤지충과 권상연이 천주교 교리를 지키느라 제사를 지내지 않고 조상의 신주를 불태워 버린 일을 말해. 이로 인해 유교 국가 조선은 나라 전체가 충격으로 휘청거렸어. 천주교도들에 대해 모진 박해가 가해진 건 당연한 일. 국법을 어긴 사람들은 바로 처형되었어. 우리나라 최초의 순교자들이지.

이때 나는 그냥 보고만 있을 수 없었어. 교우들이 감옥에 갇혀 있는 동안 먹을 것을 갖다 주며 밤낮으로 보살폈어. 그것이 또 꼬투리가 되어 나도 며칠 동안 옥에 갇히기도 했는데, 다행히 양반가 부녀자라고 해서 별다른 형벌은 안 받고 풀려났어.

하지만 내 선에서 끝나지 않고 남편에게도 불똥이 튄 거야. 남편이 '집안을 잘 다스리지 못한 죄'로 불려가 추궁을 당하고 곤욕을 치렀거든. 그리고 이 일이 계기가 되어 우리 둘은 떨어져 살게 되었단다.

남편은 일단 풀려나긴 했지만 앞날이 심히 걱정되었던 모양이야. 은

근히 헤어져 살기를 원하는 눈치였어. 나의 남편에 대해, 사내치고는 용렬하고 옹졸했다는 평들이 있는 모양인데 내 입으로까지 그런 말을 하고 싶지는 않군.

나도 독실한 천주교도로서 남편과 떨어져 금욕생활을 하고 싶은 마음도 강했기에 우리 둘은 별거에 합의했어. 나는 남편에게 논밭을 맡기고 시어머니와 자식과 함께 서울로 이사했지. 그리고 이는 본격적인 신앙생활에 돌입하는 계기가 되었어.

나뭇광에 '외간남자'를 들이다

내가 수많은 교인들 중에서 특별한 존재가 된 것은, 아마도 중국에서 밀입국한 주문모 신부가 체포될 위기에 처해 오도 가도 못하고 있을 때 내 집을 은신처로 제공한 점 때문일 거야. 그건 분명 큰 용기를 필요로 하는 일이었어.

주문모 신부가 밀입국하게 된 경위부터 먼저 알려줄까? 이승훈 등 지도자급 천주교인들은 조선에도 제대로 된 천주교회를 세우기로 하고 북경의 알레산드르 드 고베아 주교에게 신부를 파견해달라고 요청했었어. 요청이 받아들여져 1791년 1차 시도가 이루어졌지만 때마침 신해박해가 발생하는 바람에 실패로 돌아갔고, 1794년 2차 시도 때 주문모 신부가 파견된 거야.

주 신부는 역졸(役卒)로 가장하고 몰래 국경을 넘어와 교인들의 안내로 서울까지 내려왔어. 우선 신도 최인길의 집에 머물면서 미사를 집전하고 세례를 주는 등 비밀리에 전교활동을 벌였어. 하지만 워낙 사방에서 감시의 눈초리가 삼엄하던 시절이라 밀입국 사실이 곧 조정에 알려지고 말았지.

1795년 6월 체포령이 내려져 최인길의 집에 수사대가 들이닥쳤는데, 역관인 최인길이 중국어를 구사해가며 자신이 신부인 것처럼 포졸들을 속여서 주 신부를 겨우 빼돌렸어. 간신히 위기는 넘겼지만 주 신부는 몸을 숨길 곳이 없었어. 이때 내가 해결사로 나서서 우리 집의 나뭇광에 숨겨주었지.

주 신부에게 은신처를 제공하는 것은 사실 엄청난 위험을 감수해야 하는 일이었어. 일단 죄인을 숨겨주는 '범인 은닉죄'를 짓는 것이기도 했지만, 남편과 떨어져 살고 있는 양반가 부인이 집 안에 다른 남자를 들인다는 건 당시로서는 상상도 못할 일이었기 때문이야. 주 신부는 엄연히 '외간남자'에 속했거든. 주 신부를 추적하는 수사대가 내 집에도 쫓아왔지만 난 과부라는 핑계를 대고 집안 수색을 못하게 했어. 포졸들도 내 말을 믿고 그냥 순순히 돌아갔는데, 남편 없는 양반가 부인이 감히 집에 '외간남자'를 들였을 리야 없다고 생각했기 때문이지. 그만큼 보통 여자들로선 엄두를 못 낼 일이었어.

하지만 나로서는 주 신부를 광에 모셔야 한다는 것이 너무 죄송스러웠고, 좀 더 편한 피신처를 구해드리지 못해 오히려 괴로웠단다.

주 신부는 그렇게 우리 집 나뭇광에서 지냈어. 난 행여 누가 알세라, 가족들 모르게 뒷바라지를 했지만 몇 달이 지나자 더 이상 안 되겠다 싶었어. 그렇다고 속 시원히 털어놓을 수도 없으니, 이러지도 저러지도 못하고 끙끙 앓았지.

어느 날 결심을 했어. 먼저 시어머니를 설득하기로 마음먹은 거야. 난 당장 용건을 꺼내기보다는 먼저 분위기 조성에 나섰어. 근심어린 표정으로 울기도 하고 식사도 거의 안 하고 잠도 거의 자지 않았어. 내가 점점 수척해지자 시어머니는 행여 내가 몸이라도 상할까봐 걱정이 되어 무슨 일이 있는 거냐고 물어 왔어.

"신부님이 생명의 위험을 무릅쓰고 우리 영혼을 구하러 여기 오셨는데, 지금 피신할 곳도 없습니다. 제가 목석이 아닌 다음에야 이 생각을 할 때마다 어찌 몹시 괴롭지 않겠습니까? 그래서 저는 남장을 하고 사방을 두루 다녀 신부님을 찾아내 구원해 드리도록 하겠습니다."

"네가 그렇게 하면 내가 누구를 의지하고 살겠느냐? 그러니 나도 너를 따라가서 너와 함께 죽겠다."

"천주께서 우리의 착한 뜻을 보시고, 신부님이 우리 있는 데로 오시게 허락하실지도 모릅니다. 신부님이 나타나시면 어머님은 그분을 받아들일 수 있겠습니까? 어머님이 거기에 동의하신다는 확약만 해주시면 저는 곧 마음의 평화를 얻겠습니다. 저는 전에 가졌던 기쁨을 되찾아 어머님께 죽을 때까지 효성을 다하겠습니다."

"너하고 떨어지기는 싫다. 너 하고 싶은 대로 해라."

시어머니는 나를 말릴 수 없겠다고 생각했던지 반대하지 않았어. 내 예상이 적중한 거야. 나는 당장 주 신부를 사랑방으로 모셨어. 주 신부는 나뭇광에서 숨어 지낸 지 3개월 만에 햇빛을 본 셈이야.

금하면 금할수록 널리 퍼져나가

그때부터 우리 집은 사실상 천주교당이나 마찬가지였어. 주 신부는 정식으로 미사를 집전하고 성체성사와 고해성사를 집행했고, 교인들은 보다 체계적으로 신앙생활을 할 수 있었지. 주 신부는 그렇게 비밀리에, 비공식적으로, 조선의 천주교를 이끌어나갔는데 그 기간이 무려 6년이나 되었어. 그건 정말 목숨을 걸고 하는 일이었어. 주 신부는 홀로 사지에 내던져진 셈이었고 수많은 위험이 도사리고 있었거든.

그도 그럴 것이 조선 땅에 와 있는 신부를 잡기 위해 날마다 감시와 체포가 계속되는 상황이었어. 게다가 신부를 보호하다 죽어간 사람이 벌써 여러 명이었어. 밀입국에 도움을 준 교인들이 체포되었는데, 신부의 행방을 말하지 않고 버티다 줄줄이 매를 맞고 옥사한 거야.

그저 조심하는 수밖에 없었어. 주 신부의 행선지는 나만 알고 있었어. 주 신부는 가장 확실한 교인들과만 접촉했고, 교인들의 집을 방문하는 데도 아주 신중을 기했어. 하지만 그 와중에도 지방 전교에 나서 경기도, 충청도, 전라도까지 여러 차례 방문했지. 물론 임기응변으로 위험한 고비를 넘긴 적도 여러 번 있었어.

주 신부가 6년 동안이나 비밀리에 그런 활동을 펼칠 수 있었던 데는 사실 내 도움이 절대적이었단다. 아마 내가 그런 결단을 내리지 않았더라면, 그리고 그렇게 헌신하지 않았더라면, 조선의 천주교 역사는 전혀 다른 방향으로 전개되었을 지도 몰라.

난 주 신부를 도와 교회 업무를 처리해나갔어. 내가 내 자랑을 하는 것 같아 쑥스럽긴 하지만, 내가 원래 좀 영리한 편이고 행동도 민첩한 데다 성실하기까지 했거든. 게다가 한학(漢學: 한문학) 실력도 갖추고 있어서 우리말에 서툰 주 신부와 필담으로 의사소통이 가능했어.

주 신부는 이처럼 똑똑하고 헌신적인 보조자를 만난 것에 아주 흡족해 했지. 주 신부는 곧 나를 깊이 신임하게 되었고, 우리 집에 은거한 지 얼마 지나지 않아 내게 세례를 주고 중책을 맡겼어. 명도회(明道會)의 여회장으로 임명해서 여성들의 전도와 교육을 담당하게 했거든. 말하자면 조선 교회 최초의 여회장이 된 거야.

명도회는 교인들의 교리연구회이자 최초의 평신도 단체란다. 주 신부가 입국할 당시 교인이 4천 명 정도였는데, 5년 만에 만 명으로 늘어난 것은 이 명도회라는 조직을 통해서였어.

교세는 날이 갈수록 커져갔어. 특히 늘어난 교인들은 절대 다수가 여자들이었고, 그 중에는 양반집 부녀자들도 상당히 많았어. 순조 1년의 승정원일기에는 "금하면 금할수록 널리 퍼져나가며, 씨앗이 떨어져 또 다른 씨앗을 내듯" 교인들이 늘어났다고 기록되어 있으니 어떤 분위기였는지 알 수 있지?

> 회원이 아닌 사람들도 역시 쏠려서 자진해 움직여
>
> 모두 남을 감화시키기에 힘썼으므로,
>
> 그 해 가을에서 겨울 사이에 무럭무럭 감화되어
>
> 하루하루 불어났는데, 부녀자가 3분의 2요,
>
> 무식한 천민이 3분의 1이었습니다.
>
> 사대부집 남자는 세상의 화가 두려워서
>
> 믿고 좇는 자가 극히 적었습니다.

이는 「황사영 백서」의 기록이야. 이처럼 여자 교인들이 급증한 것에 대해 내가 헌신적으로 노력했기 때문이라고 말들 하더군. 황사영도 "당시 조선교회의 남녀를 통틀어 그를 따를 공로자는 다시없다"고 내 공로를 치켜세웠지. 아참, 황사영은 내 시댁 쪽의 인척인데, 교인으로서 같이 활동을 많이 했어.

사실 종교를 전파한다는 건 지금도 결코 쉽지 않은 일이야. 하물며 천주교는 사교(邪教: 건전하지 못하고 요사스러운 종교)로 취급되던 종교였고 탄압의 대상이던 종교였는데, 내가 대체 어떻게 그 수많은 여성들을 입교시킬 수 있었는지 궁금하지?

『한국천주교회史』를 보면 "강완숙은 견실한 지식에 크나큰 말재주를 겸하였으므로 여자들을 많이 입교시켰는데, 그 중에는 높은 양반가 부인들도 상당히 있었다"라고 기록되어 있어.

내가 빼어난 달변가인 것처럼 표현되어 있는데, 사실 말솜씨가 있다는 소리는 많이 들어왔어. 하지만 그것만 가지고는 전도에 성공하기 힘들어. 천주교 교리를 가슴 깊이 이해하고 있는 데다 종교적 사명감이 강했기에 내 말이 설득력을 가질 수 있었던 게 아닐까?

남녀의 벽을 넘어, 신분의 벽을 넘어

교인들은 모두 평등한 형제자매라는 교리에 따라 남녀와 신분의 구분 없이 한자리에서 예배를 보고 교리공부를 했어. 그러다 보니 유교에서 가르친 '남녀칠세부동석(男女七歲不同席: 유교의 가르침. 일곱 살부터는 남녀가 한자리에 같이 앉지 아니한다는 뜻으로, 남녀를 엄격하게 구별하여야 함을 이르는 말)'의 관념과 이에 따른 남녀 내외법(內外法)도 저절로 깨지게 되었지.

남녀가 내외한다는 건 남녀가 유별하므로 서로 예절을 지킨다는 건데, 내외법은 실질적으로는 여성들의 행동을 규제하는 법이었어. 서울에서도 1930년대까지 남녀의 대화법에 이 내외법의 흔적이 남아 있었어.

스스로 사학(邪學)의 괴수가 되어 여러 곳의 남녀교인들을 불러 들여서 밤낮으로 강습하여 곳곳마다 이르지 않는 곳이 없어 일세를 미혹케 하였다.

이는 순조실록의 기록(순조 1년(1801년) 5월 22일)인데, 역시나 나를 아주 부정적으로 묘사하고 있어. 실제로 내가 세상을 미혹(?)시키는 데 큰 역할을 한 건 사실이야. 아니, 무엇보다도 일단 나 자신이 남자 교인들과 수시로 만나야 했어. 교회 지도자로서 이런저런 업무를 처리하기 위해서는 다른 남자 지도자들과 수시로 만나고 편지를 주고받는 등 자주 교류할 수밖에 없었거든.

또한 나는 전교를 할 때 신분의 고하를 따지지 않았어. 왕실의 여성으로부터 여종에 이르기까지 똑같이 대했단다. 특히 강화도에 유배 중이던 은언군(정조의 이복동생)의 아내 송 씨와 그의 며느리 신 씨를 입교시킨 일도 있었어. 송 씨와 신 씨는 당시 폐궁이라 불리던 경희궁에 남아 있었는데, 내가 주 신부를 모시고 가서 세례를 받게 하고 명도회에도 가입시켰지. 이들 왕실 여성들의 입교는 궁녀들과 양반가 여성들의 전교에 큰 영향을 끼쳤어.

한편 나는 여자들만으로 이루어진 신앙공동체를 만들었어. 처녀들과 과부들을 모아 '취회(聚會)'라는 조직을 만들었거든. 이들은 공동으로 집을 사서 함께 살기도 했어. 신앙생활과 전교활동도 같이 하고 경제적으로도 도움을 주고받으면서 말이야. 난 이 여성들을 직접 교육시켰고, 이들은 집집마다 방문하며 전교활동을 펼쳤지.

이들은 결혼을 하지 않고 동정녀로 살고자 했는데, 이는 서양 기독교의 금욕주의적 전통과 관련이 있어. 유한당 권씨가 번역한 천주교 서적 『칠극』에서도 칠죄(七罪) 중에서 가장 어려운 음죄(淫罪)를 극복하려면 동정을 지키는 것이 제일이라고 말하고 있거든.

하지만 당시 사회가 어디 그런가? 남녀의 혼인은 인륜지대사(人倫之大事: 사람이 해야 할 가장 큰 일)였어. 유교사회의 가부장적 가족제도 하에서 여성에겐 자식을 낳고 제사를 받들어야 하는 의무가 있었거든. 그러니 여성이 결혼을 거부한다는 건 사회의 근간을 뒤흔드는 반국가적 행위나 마찬가지였고, 여성 교인들의 그런 활동은 풍속을 해치는 '패륜' 행위로 취급되었어. 이들은 대부분 신유박해 때 체포되어 유배당하거나 참수형에 처해졌지.

자기 삶의 주인이 된다는 것

다시 이야기를 처음 시점으로 되돌려 볼까? 이렇게 왕족과 궁녀, 양반 여성들까지 세례를 받는 등 천주교가 급속히 퍼지자 유생들의 천주교 배척 상소가 줄을 이었어. 그나마 천주교에 관대했던 정조가 세상을 뜨고 어린 순조가 즉위하자 정순왕후 김 씨가 수렴청정으로 권력을 잡았어. 이때 득세한 노론 벽파는 천주교를 사학으로 몰아 남인 계열 인사들에게 정치적 보복을 가했는데, 이것이 1801년의 신유박해인 거야.

사학이란 것은 어버이도 없고 임금도 없어서 인륜을 무너뜨리고 교화에 배치되어 스스로 오랑캐와 짐승으로 돌아가게 한다. (중략)

이와 같이 엄금한 후에도 개전하지 않는 무리가 있으면, 마땅히 역률(逆律)로 다스릴 것이다. 수령은 각기 그 맡은 지방에서 오가작통법을 밝게 실시하여…(중략)… 사학을 뿌리째 뽑아버려 남은 씨가 없도록 하라.

1801년 1월 10일, 조정에서는 천주교를 반역죄로 다스리라는 교서(教書: 왕이 발표하는 문서)를 내렸어. 교인들에 대한 체포령이 떨어지자 포졸들은 교인들을 사정없이 잡아들였어. 오가작통법(五家作統法: 다섯 집을 1통으로 묶은 호적의 보조조직)으로 인해 일반 백성들도 한 집에서라도 교인이 나오면 나머지 네 집도 화를 면치 못했어. 온 나라가 아비규환의 지옥이었지.

전국 각지에서 교인들이 줄줄이 잡혀왔고 대부분 배교를 거부하고 순교했는데, 이때 이승훈, 정약종 등이 처형되었고 정약전, 정약용 등은 유배되었단다. 은언군의 부인 송 씨와 며느리 신 씨에겐 사약이 내려졌지. 내가 순교한 것도 이때의 일이야.

나는 체포되는 와중에도 주 신부를 안전한 곳으로 피신시켰어. 주 신부는 삼엄한 경계망을 뚫고 국경선까지 도망갔어. 국경만 넘으면 안전한 중국 땅으로 들어서는 건데, 그는 다시 서울로 돌아왔어. 혹시 혼자만 살아남기 미안했던 것일까? 주 신부는 국경에서 '네가 교인들을 버리고 어디로 가느냐?'는 하늘의 음성을 듣고 발길을 돌렸다고 해.

스스로 의금부를 찾아간 주 신부는 결국 4월 19일 한강 새남터(용산)에서 순교했지. 나는 옥중에서 이 소식을 듣고 기절할 뻔했지만 가까스로 감정을 추슬렀어. 그리고는 치마폭을 찢어 주 신부의 업적을 적어 믿을 만한 신도에게 몰래 전했어. 하지만 그 신도가 잃어버리는 바람에 후대에 전해지지 않았다니 참으로 애석한 일이야.

아참, 천주교의 수난은 신유박해로 끝나지 않았어. 이때 간신히 몸을 피한 황사영이, 군함을 동원해서라도 박해를 막아달라는 내용의 청원서를 북경의 주교에게 보내려다가 관에 적발되어 대역죄인(大逆罪人: 국가와 사회의 질서를 어지럽히는 일을 저지른 죄. 왕권을 침해하거나 임금이나 부모를 죽이는 일)으로 능지처참당한 일이 있었어. 이를 '황사영 백서(帛書) 사건'이라고 하는데, 이 일로 인해 탄압이 더욱 심해졌거든. 신유박해 외에 기해박해(1839), 병오박해(1846), 병인박해(1866) 등 4대 박해를 거치며 1만여 명의 교인들이 순교했단다.

이렇듯 한국 천주교의 역사는 피와 눈물의 역사야. 그리고 주 신부의 밀입국과 전교활동, 그리고 이어지는 교세 확장의 중심에는 항상 내가 있었어. 교인들은 모두 나를 존경하고 진심으로 따랐어. 『한국천주교회史』를 보면 당시 교인들이 나를 어떻게 여겼는지 알 수 있단다.

강완숙 골롬바는 힘차고 슬기롭게 모든 일을 권고하고, 이를테면 모든 일을 마음대로 움직일 수 있었다.

비록 남자들 중에 열심한 교우가 많았으나, 모두가 기꺼이 그녀의 교화를 받고, 망치로 종을 치면 소리가 따르는 것과 같이 정확하게 그녀의 의견을 따랐다.

그녀는 불이 짚에 붙듯 열심한 그녀의 애덕으로 사람들의 마음을 사로잡았다.

복잡한 일과 크나큰 어려움을 당할 때에, 그녀는 마치 뒤엉킨 뿌리 뭉치를 확실하게 끊고 가르는 손과 같이 능란하게 처리하였다.

『한국천주교회史』의 저자 달레는 "그 시대에 천주교가 이룩한 진전의 대부분은 강완숙 골롬바에게 돌리는 것이 마땅하다"고까지 말했으니 몸 둘 바를 모르겠군.

한 가지 덧붙인다면, 내가 조선여성으로서 보여준 주체성과 개척정신에도 주목해주길 바란다는 거야. 나는 여성의 활동에 제약이 심하던 때에 그 한계를 극복하고 스스로 활동 범위를 넓혀갔어. 남편의 영향력으로부터 벗어났고, 교회활동에서 주도성을 발휘하여 교인들을 이끌었지. 그러니 나를, 종속적인 삶을 거부하고 자기 삶의 주인으로 살았던 여성으로 기억해준다면 더 좋겠는 걸?

사회통념을 거부한, 최초의 여성 서양화가

나혜석

1896년 수원에서 출생했다. 우리나라 최초의 여성 서양화가이자 문필가이며 독립운동가이자 여권
운동의 선구자다. 진명여학교 졸업 후 동경(도쿄)으로 유학을 다녀왔고 독립운동으로 옥고를 치렀
다. 1921년 서울에서 첫 유화 개인전을 가졌으며 매년 조선미술전람회에 출품하는 등 인기 작가로
활동했다. 봉건적 인습을 비판하는 소신 발언과 행동으로 주목을 받았으나 이혼과 정신장애 등 잇
단 비극 속에서 쓸쓸히 생을 마쳤다.

안동영사관 발신의 폭탄상자

내 착각일지는 모르지만 아마 다들 내 이름을 들어본 적은 있을 거야. 대부분 나를 '화가 나혜석'으로 알고 있을 텐데, 하지만 나를 그렇게만 기억한다면 좀 섭섭하지.

혹시 내가 독립운동하다 옥살이를 했다는 이야기는 들어 봤니? 그건 1919년 3·1운동 무렵의 일이었어. 1918년 일본 유학에서 돌아온 후 난 잠시 교사생활을 하고 있었어. 그 이듬해 김마리아, 황에스터(황애덕), 박인덕 등이 일본에서 귀국했고, 나는 여학생들을 3·1운동에 참여시키기 위해 그들과 매일 만나 열심히 계획을 세웠어. 그러다 발각되는 바람에 5개월간 옥살이를 하게 된 거야. 감옥에 있던 바람에 만세 물결에 동참하진 못했지만 나 개인으로는 소득이 있었어. 변론을 맡았던 변호사(김우영)와 가까워져 다음해 결혼에 골인했거든.

남편은 꽤 유능한 사람이었어. 변호사로 일하다 외교관으로 전업한 남편은 몇 년 후 만주 안동현(현, 중국 단동시)의 부영사(외국에 있으면서 외무부장관과 특명전권대사·공사의 지시를 받아 자국의 무역통상이익을 도모하고, 주재국에 있는 자국민을 보호하는 것을 주요임무로 하는 공무원)로 임명되었지. 난 남편을 따라가 만주에서 4년 동안 살았는데, 물론 집에서 살림만 하고 있지는 않았어. 우선 여자 야학(夜學: 정규학교에 다니지 못하는 사람들을 대상으로 야간에 수업을 실시하는 비정규적 사회교육 기관)을 만들었어. 나라의 힘을 기르려면 뭐니 뭐니 해도 교육이 최우선이었고 특히 여성들에 대한 교육이 시급했으니까.

또 만주에서 활동하던 독립운동가들을 열심히 도왔어. 국경 왕래가 자유로운 외교관 가족이라는 점을 활용해서 말이야. 여러 일들이 많이 있었는데 의열단(義烈團)이 무기를 국내로 몰래 들여보내는 데 도움을 준 일이 가장 기억에 남아. 의열단은 일본 고관의 암살, 관공서 폭파 등에 주력하던 무력 독립운동단체였어. 의열단에서는 '안동 영사관'을 발신지로 해서 폭탄이나 권총, 탄약 등을 국내로 들여보낼 수 있었지. 난 폭탄 가방을 집에 보관해주기도 했고, 권총을 감춰뒀다가 주기도 했어. 나중에 의열단 단원들이 일본 순경(경찰)에 붙잡혀 옥살이를 할 때도 찾아가 건강을 걱정해주고 격려해주었고 말이야.

남편은 일본 외무성 관리의 신분이었는데, 그래도 이때는 독립운동에 협조적이었어. 일본 순경의 지명수배를 받던 의열단원에게, '이 학생은 북경대학 학생이 확실함'이라고 신분을 보증하는 글을 자신의 부영사 명함에 적어주어 무사히 탈출할 수 있도록 도와주기도 했으니 말이야. 그러다 나중에 서서히 친일 쪽으로 기울었지. 그리고 1930년대 들어서는 고위 관료가 되어 본격적으로 총독부에 봉사하더군. 나와 헤어진 후의 일이야.

이처럼 유복한 환경의 예술가였음에도 난 조국과 민족의 현실을 잊지 않았어. 늘 조선의 딸이라는 것을 잊지 않았고 주어진 환경에서 어떻게든 기여할 방법을 찾았지. 한마디로 의식 있는 젊은이였다고 할까? 나중에 생활이 궁핍해졌을 때도 난 결코 친일을 택하지 않았는데, 자화자찬하는 것 같지만 내가 줏대가 있고 심지가 굳은 편이었거든. 내가 화가로서 걸어간 길을 봐도 알 수 있을 거야.

평생을 예술에 바치겠다는 결심

사람들이 나를 '우리나라 최초의 여성 서양화가'라고 부르는 모양이야. 그런 타이틀을 욕심 낸 적은 없지만, 어쨌든 '최초'라는 것은 큰 의미가 있는 거니까 영광이야. 알다시피 우리나라에는 본래 서양화라는 것이 없어. 우리나라 최초의 서양화가 고희동은 그래서 최초의 미술 유학생이기도 해. 그의 뒤를 이어 김관호, 김찬영이 서양화를 공부하러 일본으로 건너갔고 그 다음이 나였어. 여자로서는 내가 처음이었던 거야.

사실 미술에 재능 있는 여자가 어디 한둘이었겠어? 그 시절 일본 유학을 다녀올 수 있었던 나는 분명 선택 받은 소수에 속했지. 우선 군수를 지낸 아버지 덕에 집이 부유했어. 게다가 부모님이 신문물과 신학문을 받아들이려는 개화된 분들이라, 그 시절에 과년한 딸의 외국행을 지원해줄 수 있었어. 거기에 하나를 더 보탠다면 내가 어려서부터 팔방미인 소리를 듣는 인재였다는 거야. 진명 여자고등보통학교를 최우등으로 졸업했으니, 요즘 말로 하면 '엄친딸'이었던 셈이야.

1918년 유학생활 2년째이던 그 해, 나는 방학을 맞아 잠시 귀국했는데 마침 좋은 혼처(婚處: 혼인하기에 알맞은 자리)가 있다면서 아버지는 결혼을 강권(强勸: 내키지 않는 것을 억지로 권함)했어. 아무리 그래도 내 부모 세대는 공부보다 결혼이 우선이었던 거야. 난 결혼 문제로 아버지와 갈등을 빚었고, 결국 학교로 돌아가지 못하고 어쩔 수 없이 휴학했어.

그럼 그 다음엔 무엇을 했냐고? 앞에서도 잠깐 말했지만 1년 동안 교사로 일했어. 내 힘으로 학비를 벌어 공부를 계속할 생각이었거든. 예나 지금이나, 부모의 간섭이나 참견이 싫다면 먼저 경제적으로 자립할 필요가 있단다.

내가 주체적인 편이기도 했지만, 그림 공부에 그토록 열중한 데는 사실 다른 이유도 있었어. 요절한 연인 최승구의 영향을 받은 탓이야. 최승구는 둘째 오빠(나경석)의 친구였는데 뛰어난 시인이었어. 오빠의 소개로 알게 되었지. 우리는 일본 유학 중에 연인 사이로 발전했는데 내게는 첫사랑이었단다. 하지만 그는 폐결핵으로 죽고 말았어. 난 그 충격으로 신경쇠약에 걸리는 등 방황하기도 했지만, 곧 모든 희망을 예술에 걸고 평생을 예술에 바치기로 결심했어. 당시 내가 쓴 글을 보면 '무한한 고통과 싸우며 예술에 매진하겠다'는 대목이 있는데, 마치 내게 닥쳐올 시련들을 예감이라도 한 것 같지?

아무튼 복학은 못 했지만 얼마 후 첫 개인전을 열면서 화가로 데뷔했어. 일본에서 돌아온 지 3년이 지났을 때였고, 결혼한 다음해였지. 임신 9개월의 몸으로 경성일보사 안의 내청각에서 전시회를 열었는데, 서울에서 열린 최초의 유화 개인전이라 대성황을 이루었어. 관람객이 5천 명이나 몰려들었으니 말이야. 게다가 총 70여점 중 20여점이 비싼 값에 팔렸고 특히 〈신춘〉이라는 작품은 집 한 채 값이 넘는 350원에 팔렸으니 상업적으로도 대성공이었지. 난 단번에 인기 화가로 떠올랐어. 우리나라 화단에서 서양화 쪽으로는 고희동 등 열 명 정도만 활동하던 시절이라 나, 나혜석의 등장은 그만큼 뉴스거리였어. 또 사람들이 서양화에 대해 관심을 갖게 되면서 그만큼 서양화가 널리 알려지는 계기가 되기도 했어.

난 부지런히 그림을 그렸어. 그 다음해인 1922년 제1회 조선미술전람회에 〈농가〉와 〈봄〉 두 작품을 출품해서 입선했고, 이듬해 남편을 따라 만주로 가서도 독립운동을 돕는 틈틈이 열심히 그림을 그렸어. 또 그 후 1932년까지 잠시 해외여행을 했던 시기를 제외하고는 매년 조선미술전람회에서 입선했으니 재능도 인정받은 셈이야. 한편 동료 화가들과 함께 '고려미술회'라는 단체를 만들어서 미술학도들에게 실기를 지도하기도 했어.

그러나 예술가로서 그런 성취에 안주할 수는 없었어. 나 스스로 내 작품의 깊이와 예술성에 만족할 수 없었기에, 조금이라도 발전이 있기를 원했지. 예술가로서 그런 욕구가 생기는 것은 당연한 거야. 하지만 그런 진전은 하루아침에 이루어지는 게 아니니 슬럼프가 찾아오기도 했어. 그게 어떤 괴로움인지 이해할 수 있겠어? 내가 어딘가에 써놓았듯이 그것은 "기교만 조금씩 진보할 뿐 정신적 진보가 없어 나 자신을 미워할 만큼" 괴로운 일이었단다.

서양화를 그리는 동양인, 드디어 서양화의 본고장에 가다

그렇게 돌파구가 절실하던 차에 마침 남편과 함께 유럽과 미국을 여행할 기회가 왔어. 일본 외무성이 변방에서 일한 관리에게 시행하는 위로여행 프로그램의 대상자로 선정된 거야. 그 당시 풍문으로만 듣던 유럽이나 미국은 낙원과 같은 곳이었지. 외국이라면 일본과 중국을 떠올리는 게 고작이던 시대라 미국과 유럽은 말 그대로 미지와 동경의 땅이었어. 난 1927년 제6회 조선미술전람회에 〈봄의 오후〉를 출품하고는 부산항을 출발해 유럽까지 이어진 시베리아 횡단열차에 몸을 실었어.

이때 나의 심정이 어땠을지는 상상도 못할 거야. 새로운 세계, 새로운 경험에 대한 기대로 온몸이 떨려왔어. 일단 이탈리아와 프랑스 등 서양화의 본고장을 직접 찾아간다니 흥분이 되어 정신을 차릴 수가 없었어. 그리고 서양인들의 생활은 어떤지, 특히 서양여자들은 어떻게 생활하고 어떤 식으로 사회활동을 하는 지도 매우 궁금했어.

여행 기간이 1년 반이나 되었는데, 유럽 각국을 다니며 박물관과 미술관에 가득한 걸작들을 접하노라면 예술적 영감이 고조되는 게 느껴지곤 했어. 특히 파리에 체류했을 때가 가장 인상적이었어. '예술의 도시'라는 별명처럼 정말 예술적 자극이 넘치는 곳이었지. 남편은 법률 공부하러 독일 베를린에 가 있었는데, 나는 파리에 머물면서 야수파 화가 로제 비시에르의 화실에 다니며 새로운 예술세계를 접할 수 있었어. 서양화를 그리는 동양인으로서는 '이보다 더 좋을 수 없는' 기회였던 거야.

내가 그토록 원하던 '정신적 진보'가 이루어진 듯 창작열이 샘솟기 시작했고, 난 1929년 귀국하자마자 수원에서 개인전을 열었어. 이어서 1930년 제9회 조선미술전람회에 〈화가촌〉, 〈어린이〉 등을 출품했지. 그 와중에 이혼의 아픔을 겪으면서도 더욱 창작에 몰두해 1931년 제10회 조선미술전람회에서는 〈정원〉이 특선으로 선정되었어. 〈정원〉은 일본제전에서도 입선했단다. 곧 이듬해 조선미술전람회에도 〈금강산만물통〉, 〈소녀〉, 〈창에서〉를 출품하는 등 난 한 순간도 붓을 놓지 않았어.

그러나 화가로서의 활동은 1930년대 중반에 끝나고 말았어. 1935년에 서울에서 소품전을 연 것이 공식적인 활동으로는 마지막이야.

그래도 이렇게 꾸준히 창작활동을 한 것은 당시의 미술계에선 상당히 이례적인 일이었어. 난 첫 개인전 때부터 작품을 판매하면서 전업 작가로 나섰고, 조선미술전람회에 출품한 18점을 비롯해서 두 차례의 개인전을 통해 3백여 점의 작품을 발표했는데, 소품 2백여 점이 포함되어 있긴 하지만 결코 적은 숫자가 아니었어.

게다가 나는 인기 화가이기도 했어. 일단 여성화가가 귀했던 때라 나는 그 존재만으로도 주목의 대상이었는데, 꾸준히 전람회에 작품을 출품하고 평단과 대중으로부터 좋은 평가를 받으면서 내 작품을 소장하려는 사람들이 점점 늘어났지. 전시회 때마다 높은 판매고를 올렸음은 물론이야.

물론 문필활동을 겸하다 보니 많이 바쁘기도 했고 또 개인적으로도 불행한 일이 끊이지 않았지만 난 끝까지 전업화가로서 내 일에 충실했어. 이는 어떻게 보면 예술가로서의 자존심이 걸린 문제일 수도 있어. 이런 걸 작가정신 또는 프로정신이라고 표현해도 되겠지?

현모양처 교육은 여자를 노예로 만들기 위한 속셈

이제부터는 내가 문필가로 활동하던 때의 일들을 소개할까 해.

어떤 일들이 있었느냐고?

아주 많았지!

한마디로 '파란을 많이 일으켰다'고나 할까?

글에는 글쓴이의 생각이 드러나기 마련인데 내 가치관이나 사고방식이 너무 시대를 앞서 나간 탓인 것 같아.

일단 내가 문제 삼은 것은 여자, 바로 여자의 삶이었어. 오랜 세월, 여자는 오로지 출산과 가사노동을 위한 존재였어. 조선 땅에서 여자가 마음 놓고 바깥출입을 하도록 허용된 것이 1894년 갑오개혁 때야. 하지만 그것도 어디까지나 공식적인 조치일 뿐, 여자들은 그 후로도 장옷을 둘러쓰고 밤늦은 시간에만 다녀야 했어.

나는 대놓고 남녀를 차별하는 그런 세상 법칙에 문제의식을 느꼈고 시, 소설, 칼럼, 인터뷰 등을 통해 과감하게 그 문제를 들추어냈고 줄기차게 이야기했지.

시간을 거슬러 일본 유학 시절로 돌아가 볼까? 1914년 동경여자미술전문학교에 입학한 나는 곧 유학생 동인지 ≪학지광(學之光)≫에 「이상적 부인(婦人)」이라는 글을 발표했어. 이때 내 나이 10대 후반이었어.

현모양처는 이상을 정할 것도, 반드시 가져야 할 바도 아니다.

(중략)

현모양처 교육만 있고 현부양부의 교육법은 들어 보지 못하였으니 이는 여자를 부속물로 취급하는 교육주의라.

(중략)

부인의 온양유순을 이상으로 하는 것은 여자를 노예로 만들기 위해 부덕을 장려하는 것이도다.

(하략)

혹시 장래 희망이 무어냐는 질문에 '현모양처'라고 대답하는 여학생이 있다면 한 번 곰곰이 생각해 보기를! 난 이 글에서 현모양처 이데올로기를 내세우는 가부장제의 본질을 예리하게 꼬집었어. 여자들은 남자들의 속내를 간파해서 거기에 길들여지지 말라는 거야. 그래서 제발 현모와 양처로 사는 데 만족하지 말고 자신의 개성을 자각해 사람답게 살라고 말이야.

물론 나 역시 이런 결론을 내리기까지 수없이 자문자답의 과정을 거쳤어. 그럴수록 확실해지는 건, 어려서부터 경험하고 목격해온 '조선 여자의 삶'을 절대로 답습하지 않겠다는 거야. 난 이것을 나 혼자만의 다

짐으로 끝내지 않았어. 사실 이것은 개인 차원의 문제가 아니거든. 그래서 글로 써서 발표한 거야. 공론화한 거지. 논쟁의 장으로 끌어낸 거라고. 함께 생각해보고 같이 변화를 도모해보자는 뜻에서 말이야. 물론 메아리 없는 외침으로 끝났지만.

몇 년 후 나는 「경희」라는 단편소설을 발표했어(1918). 주인공 경희는 일본 유학생이야. 경희의 주변 인물들은 여자는 시집만 잘 가면 되니 공부할 필요가 없다고 생각하는 사람들이야. 경희는 이에 맞서 여자도 교육을 받아야 한다고, 그래야 사람답게 살 수 있다고, 결혼도 주체적으로 해야 한다고 주장하지. 그래서 경희는 그들과 끊임없이 갈등하게 돼. 경희는 곧 나의 아바타(Avatar: 분신, 화신)나 마찬가지야.

실제로 난, 경희가 주장했듯이, 결혼을 내 뜻대로 했어. 대부분 중매로 배우자를 만나던 시대에 연애로 결혼했고, 부모의 뜻에 무조건 복종한다거나 예비 시댁의 입김에 좌우되지도 않았어.

무엇보다 신랑과 사전에 협상을 벌였다는 점을 기억해줘. 난 예비신랑에게, 일생을 두고 지금처럼 나를 사랑할 것, 그림 그리는 일을 방해하지 말 것, 시어머니와 전처소생 딸과 별거해 둘만 살 것 등 몇 가지 조건을 내걸었어. 난 결혼이 연애의 무덤이 되는 것을 원치 않았고, 일을 포기하고 싶지도 않았고, 가족들로 인해 방해 받기도 싫었거든. 요즘도 결혼을 앞둔 여성이라면 누구나 심각하게 고려하는 부분들이고, 또 실제로 결혼생활 중 가장 많은 갈등이 생겨나는 대목들이기도 해.

난 상대방이 승낙할 거라는 것을 어느 정도 짐작했었어. 열 살 연상이고 결혼 경력까지 있던 그 사람은 내 예상대로 흔쾌히 받아들였지. 1920년 우리 둘은 정동 예배당에서 결혼식을 올렸어. 둘 다 나름대로 쟁쟁한 인물이라 우리의 결혼은 장안의 화제였어. 난 하얀 한복을 입고 머리에 면사포를 쓴 차림새로 식을 올렸는데, 기록에 나타난 최초의 신식 결혼식이기도 하단다.

난 이에 그치지 않고 남편에게 첫사랑 최승구의 무덤에 비석을 세워 달라고 했고, 남편은 이 부탁도 들어줬어. 우리 둘은 신혼 여행길에 최승구의 묘소에 들렀는데, 사람들은 이런 우리 부부를 이해하기 쉽지 않았던 모양이야. 염상섭은 이 이야기가 소설 감이라 생각했는지, 정말 이를 소재로 1923년에 『해바라기』라는 소설을 한 편 써내기도 했으니 말이야.

여자는 어머니 역할만 제대로 하면 된다?

그렇게 내가 전에 희망하고 소원이던 모든 것보다 오직 아침부터 저녁까지 똑 종일만, 아니 그는 바라지 못하더라도 꼭 한 시간만이라도 마음을 턱 놓고 잠 좀 실컷 자 보았으면 당장 죽어도 원이 없을 것 같았다.

나도 전에 잠잘 시간이 너무 족할 때는 그다지 잠에 뜻을 몰랐더니 '잠'처럼 의미 깊은 것이 없는 줄 안다.

모든 성공, 모든 이상, 모든 공부, 모든 노력, 모든 경제, 모든 낙관의 원천은 오직

이 '잠'이다.

소화 잘되니 건강할 것이요, 건강한 신체는 건전한 정신의 기본이다.

이와 같이 어디로 보든지 '잠' 없고는 살 수 없는 것이다.

진실로 잠은 보물이요 귀물이다.

그러한 것을 탈취해 가는 자식이 생겼다 하면 이에 대한 원수는 다시없을 것 같
았다.

이 글은 내가 1923년 잡지 ≪동명≫에 발표한 「모(母)된 감상기」의 일
부야. 잠을 뺏어가는 자식을 원수에 비유하다니, 너무 한 것 아니냐고?
글쎄, 오죽하면 그렇게 표현했겠어?

1921년 첫 개인전이 끝난 후 난 첫아이를 낳았어. 딸이었는데 우리는
'김우영과 나혜석의 기쁨'이라는 뜻으로 남편 성과 내 성을 하나씩 넣
고, 기쁠 열 자(悅)를 넣어 '김나열'이라 이름 지었지. 난 이 글에서, 나열
이를 낳고 키우는 과정에서 겪은 심리적·육체적 변화와 경험을 솔직하
게 밝혔는데, 그것이 모성신화를 부정하는 방향이라 반응이 시끌시끌
했어.

혹시 이런 나를 비정한 엄마, 모성애 없는 여자라고 비난하려 한다면,
그전에 우선 모성신화에 대해 다시 한 번 생각해보기를!

모성신화의 요체는 모성을 여성의 선천적·자연적 본성으로 간주하는
거야. 그래서 여성에게 최고·최적의 일은 곧 어머니의 역할이라는 거지.
가부장제는 이런 식으로 모성을 절대적인 것으로 신화화해서 여성에게

강요하고 세뇌시키고 육아를 전담시켜. 여성은 육아에 갇혀 사회 진출을 못하게 되고, 경제력이 없으니 남성에게 의존하게 되는 거야.

모성신화 속의 엄마는 어떤 모습일까? 자식을 향한 애정이 자연발생적으로 샘솟고, 늘 온유하고 자상하며 헌신적이야. 자식을 위해서는 모든 것을 다 내주고, 때로는 목숨까지도 내놓지.

그러나 현실의 엄마들은 어떨까? 대체로 자기 자식을 지극히 사랑하지만, 엄마 역시 불완전한 인간일 뿐이야. 엄마 또한 이기심과 욕구를 지닌 존재인 거야. 내가 말했듯이 잠을 자지 않고는 살 수 없는 존재란 말이야.

아이들의 끊임없는 요구에 엄마들도 지치지만, 이미 모성신화에 세뇌된 엄마들은 당당하게 불만을 말하지 못해. 오히려 '엄마답지' 못한 자신을 나무라며 죄책감에 빠져들어.

난 이런 모성신화는 학습된 것이고 사회적 조건에 의해 형성된 거라고 봤어. 그래서 여자는 어머니 역할만 제대로 하면 된다는 식의 모성신화를 비판하고 나선 거야. 그리고 그렇게 모성이, 어머니의 사랑이 절대적인 것이면 아들만 귀하게 여기고 딸은 구박하는 관습이 어떻게 있을 수 있겠느냐는 말도 빼놓지 않았어.

자, 어때? 21세기 사람들에게도 상당히 충격적으로 들릴 이야기지? 모성은 지금도 함부로 공격해선 안 되는 신성불가침의 영역으로 여겨지고 있거든. 그러니 1920년대의 조선이 벌집 쑤셔놓은 듯 시끌시끌한 건 당연한 일이었어.

그러자 누군가가 '백결생'이라는 이름으로 '임신은 여성의 거룩한 천직'이라며 내 주장을 비판하는 글을 발표했어. 나 역시 지지 않고 그에 대한 반박문을 또 발표했고 말이야. 얼마든지 더 응할 자신이 있었는데 아쉽게도 논쟁은 이것으로 일단락되었지.

모성신화에 얽매이지 않았기에 나는 몇 년 후 남편과 함께 세계 일주를 떠나면서도 어린 자식 셋을 시어머니에게 맡기고 갈 수 있었어. 모성신화의 관점에서 본다면 이 역시 '엄마답지' 않다고 비난받을 행동이겠지? 하지만 내가 과연 그토록 '나쁜 엄마'인 걸까?

조선 사회의 아웃사이더

아이 셋을 떼어놓고 온 나는 파리에 머물며 그림 공부에 몰두했었지. 하지만 결과적으로 보면 파리에 가지 않는 게 나았을지도 몰라. 거기서 있었던 사건 하나가 일파만파를 불러왔으니 말이야. 난 유학생 주최 환영회에서 만난 최린과 사랑에 빠져 버렸어. 최린은 민족대표 33인의 한 명이자 천도교 교령이었는데, 난 이 일로 인해 남편과 헤어지게 되었어. 1930년 가을, 10년간의 결혼생활은 결국 그렇게 끝났어. 해외여행에서 돌아온 지 1년도 안 된 때였고 내 나이 서른다섯이었어.

난 아이들을 두고 빈손으로 집을 나와야 했어. 난 괴로움을 잊기 위해 더욱 그림에 몰두했는데, 생활을 꾸려가기 위해서라도 열심히 그릴 수밖에 없었어. 일본에 건너가 일본제전에 출품도 하고 이런저런 소품들을 팔아 제법 큰돈을 벌기도 했어. 수전증이 생겨 한쪽 팔이 불편했지만 여자미술학사(지금의 학원)를 열어 개인 지도를 하고 초상화도 주문받아 그리곤 했어.

그러나 반응은 예전 같지 않았어. 불륜과 이혼으로 사람들 입에 오르내리면서 이미지에 먹칠을 한 탓이었지. 사실 그 두 가지만도 엄청난 사건이었는데, 우리 사회에서 아웃사이더에 이단아로 결정적으로 낙인 찍히게 된 사건이 또 있었어.

난 신문과 잡지에 여권 신장에 관한 글을 부지런히 기고하곤 했는데, 1934년 《삼천리》에 발표한 「이혼고백서」가 화근이 되었어. 제목 그대로, 남편을 만나 결혼하고 다시 최린을 만나 그로 인해 이혼하게 된 과정과 심경을 솔직하게 털어놓았어. 그러면서 진작부터 하고 싶었던 말을 덧붙였지. '남자들은 예사로 첩을 들이면서 여자들에게만 외간 남자를 사귀지 말라고 강요하는 것은 불평등'하니, 여성에게 정조를 요구하려면 남성부터 정조를 지키라고 한 거야. 정조라는 것이 여성에게만 일방적으로 강요되는 현실을 난 도저히 묵과할 수 없었거든.

난 여기서 그치지 않고, 정조는 자유 의지에 속하는 문제라는 엄청난 발언도 했어. 이는 곧 누구나 '성적 자기결정권'을 가지며 그 권리를 주체적으로 행사할 수 있다는 말인데, 이 '성적 자기결정권'은 행복추구권에서 비롯된 것으로 비교적 최근에 대두된 개념이란다. 그러니 당시 사회에선 내가 폭탄선언을 한 셈이었어.

결혼에 대한 시각도 지금 내가 다시 봐도 참 현대적이야. '그동안 함께 이룬 가정의 재산은 부부의 공동 재산이라고 할 수 있다. 그러니 만약 이혼을 한다면 재산도 나눠야 마땅하다'며 재산 분할을 주장했으니 말이야. 한 마디로 남편과 아내가 대등한 지위를 갖는, 그런 평등한 부부상을 지향했던 거야.

하지만 사방에서 쏟아진 건 비난과 조롱뿐. 그렇다고 이에 굴할 내가 아니지. 난 이번엔 변심한 애인 최린을 상대로 거액의 위자료 소송을 제기했어. 제소 사실이 신문에 나자 총독부 고위직에 있던 최린은 당황했고, 나는 상당액을 받는 조건으로 소송을 취하했어.

금전적으로는 이득이었지만 결과적으로 내 처지는 더 비참해졌어. 최린과의 관계가 만천하에 공개됨으로써 외도를 했다는 사실이 공식화되었으니 말이야. 가족들은 집안 망신을 시켰다며 외면하기 시작했고, 전 남편은 아이들의 얼굴도 보지 못하게 했어. 갑자기 천덕꾸러기 신세로 전락한 나는 최린으로부터 받은 돈을 밑천삼아 파리로 가기로 결심했지. 1935년 발표한 「신생활에 들면서」에 당시의 절절한 심경이 잘 나타나 있단다.

청구 씨여(김우영의 아호),

반드시 후회 있을 때 내 이름 한 번 불러주소.

사남매 아이들아, 에미를 원망치 말고 사회 제도와 도덕과 법률과 인습을 원망

하라.

네 에미는 과도기에 선각자로 그 운명의 줄에 희생된 자였더니라.

후일 외교관이 되어 파리에 오거든 네 에미의 묘를 찾아 꽃 한 송이 꽂아다오.

파란만장한 52년, 그리고 재평가

그러나 결국 파리행(行)은 포기하고 말았어. 다른 무엇보다도 아이들
과 영영 떨어진다고 생각하니 차마 발걸음이 안 떨어졌어. 물론 전남편
이 이미 아이들 근처에 접근도 못하게 해놓은 상태였지만 말이야. 자식
에 대한 그리움이 뼈에 사무치다 보니 환청도 들려 왔어. 바람소리가
아이들 목소리로 들리는 거야. 제 정신이 아닌 거지.

마침내 수원에 정착한 나는, 경제적 궁핍과 고독에도 굴하지 않고 계
속 그림을 그렸어. 다른 사람이라면 어쩌면 삶의 의욕을 잃고 자포자기
했을지도 몰라. 하지만 난 이때까지만 해도 재기해보려는 의지가 있었
단다.

사람은 누구든지 자기 운명이 어찌될지 모릅니다.

속 마디를 지은 운명이 있습니다.

끊을 수 없는 운명의 철쇄이외다.

그러나 너무 비참한 운명은 왕왕 약한 사람으로 하여금 반역케 합니다.

나는 거의 재기할 기분이 없을 만치 때리고 욕하고 저주함을 받게 되었습니다.

그러나 나는 필경은 같은 운명의 줄에 얽히어 없어질지라도 필사의 쟁투에 끌리고 애태우고 괴로워하면서 재기하려 합니다.

하지만 사회의 반응은 냉랭하기만 했어. 게다가 엎친 데 덮친 격으로, 화재가 나 그림이 불타버리고, 신경쇠약과 반신불수, 수전증과 우울증에 이르기까지 온갖 병에 시달렸어. 아이들에 대한 그리움, 아이들과 단절된 충격으로 생긴 병들이었지. 경제적 형편도 최악이었는데 누구 하나 도와주는 사람 없었어. 모두가 나를 외면했으니까.

심신이 망가져 하루하루 힘겨운 나날을 보내던 나는 승려가 되기로 마음먹고 친구 일엽스님이 있는 수덕사를 찾아갔어. 일엽을 통해 어렵게 만공 선사를 만난 나는 출가를 청했지만, 만공은 나더러 '임자는 중노릇 할 사람이 아니야'라며 일언지하에 거절하더군.

난 수덕여관에 머물면서 만공선사의 허락이 떨어지기를 기다리며 열심히 그림을 그렸어. 하지만 아무리 기다려도 소식이 없었지. 포기하고 수덕여관을 나와서는 공주 마곡사에서 잠시 머물다 다시 금강산으로, 동해안으로, 정처 없이 떠돌아다녔어. 아픈 몸을 이끌고 말이야.

결국 갈 곳은 양로원밖에 없었어. 어느 날 양로원을 뛰쳐나간 나는 길거리를 헤매다 행려병자로 발견되었고, 서울시립병원 무연고자 병동에서 쓸쓸히 눈을 감았단다.

그야말로 파란만장한 52년이지? 내 삶을 돌아보면 그야말로 사건의 연속이었어. 일본 유학, 애인의 요절, 독립운동과 옥고, 변호사와의 연애와 결혼, 만주생활, 세계 일주 여행, 파리에서의 염문과 이혼, 이혼고백서, 위자료 소송, 행려병자, 쓸쓸한 죽음 등등.

그런데 지금까지는 불륜으로 인한 이혼 사실만 부각되는 바람에 상당히 억울했는데, 언제부턴가 분위기가 좀 달라지고 있는 것 같아. 고향 수원에 내 이름을 딴 거리가 만들어지고 예술제가 개최되고 동상도 세워졌다니, 나에 대한 재평가 혹은 재발견이 이루어지고 있다고 봐도 될까?

내가 줄기차게 말하려던 것은 결국 이거야. 여자도 사람이니까 똑같이 사람으로 대우해달라는 것! 사실 아주 당연한 이야기잖아. 좁게 보면 여권운동이었지만 넓게 보면 인권운동이었던 셈이야. 모든 사람은 다 존귀하다는 외침이었으니까. 내가 그랬듯이, 할 말은 하는 사람들이 지금보다 더 많아졌으면 좋겠어. 그래야 세상이 조금씩이라도 달라질 테니까 말이야.

임윤지당 다들 보니 만만치 않은 인물들이네. 다들 개성 강하고 주관 뚜렷하고 실천력도 대단한 사람들인 것 같아.

나혜석 개성이 너무 강하면 경계의 대상이 되기 쉽지. 모난 돌이 정 맞는다는 말이 있잖아. 남보다 너무 앞서가거나 지나치게 솔직한 것도 손해를 부르더군.

강완숙 맞아. 나는 천주교를 배척하는 상소문에서 '전도의 괴수'로 불렸어. 순조실록에는 '천주교인 중에서 가장 간악한 요녀'라고 기록되어 있고. 반대파의 시각으로 보면 내가 아주 악질적인 배후 인물이었을 거야.

임윤지당 천주교는 당시 생소한 종교였는데, 그런 천주교를 받아들인 걸 보면 강완숙도 상당히 개척자 기질이 있었던 것 같아.

강완숙 몸은 조선시대에 태어났지만 의식은 첨단을 달렸던 거지. '얼리 어답터(early adopter)' 정신이라고나 할까?

윤희순   낡은 것은 언젠가 새로운 것으로 대체되기 마련이야. 그리고 그 테이프를 끊는 사람에게 돌아가는 건 대개 영광보다는 혹독한 비난이지.

나혜석   나 역시 가부장제의 틀에 순응했다면 성공한 예술가로, 현모양처로 안락하게 살 수 있었겠지. 하지만 나는 그 모든 걸 버리고 저항했어. 난 그저 '사람'으로 당당히 살기를 바랐던 거야. 여자도 남자와 똑같은 사람이니까 말이야.

임윤지당   동의해. 나도 성리학자로서 하늘에서 부여받은 본성은 남녀가 같다고 결론 내리고 여자도 성인의 경지에 도달할 수 있다고 생각했으니까.

나혜석   그렇지만 집에서 금이야 옥이야 자란 딸들은 사회에 나가 곧 알게 되지. 세상은 남자들을 중심으로 돌아가고 있다는 것을 말이야. 딸들이 취할 수 있는 선택지는 무엇일까? 현실에 순응하거나 저항하거나, 아마 둘 중의 하나야. 순응하고 타협하는 쪽이 다수라고 봐야 하지 않을까? 하물며 내가 살던 때엔 말할 것도 없었어. 하지만 난 끊임없이 글로, 그림으로, 행동으로, 내 주장을 펼쳤어.

윤희순   맞아. 행동하지 않는다면 성취는 없어. 그래서 앞서가는 사람은 십자가를 지고 가는 거야. 나도 내 아이를 볼모로 잡고 협박하는 일본 순경에게 호통을 쳤는데, 자칫하면 아이가 위험해질 수 있었지. 하지만 난 큰일을 위해서는 어느 정도 개인적 희생은 감수해야 한다고 생각해. 우리나라 독립운동이나 민주항쟁의 역사를 봐도 알 수 있잖아. 수많은 이들이 큰 뜻을 위해 자기 목숨을 초개(草芥: 풀과 티끌, 지푸라기. 쓸모없고 하찮은 것)처럼 내버렸어. 그들에 비하면 내 경우는 대단치 않은 일이야. 그들이 없었다면 지금의 대한민국은 없었을 거야.

임윤지당 물론이지. 문득 학자로서 연구해보고 싶은 주제가 생각났는데, 사람들이 추구하는 보편적인 가치, 말하자면 자유와 평등 같은 것 말이야. 소수가 희생할 때 침묵한 다수에게도 그것을 누릴 권리가 있을까? 그걸 위해 싸운 사람에게만 누릴 권리가 있는 게 아닐까?

윤희순 그 말을 들으니, 중국에서 독립운동 할 때의 일이 생각나네. 독립이 되려면 아직도 멀었는데 사람들은 서서히 독립의지가 꺾이고 현실에 타협하기 시작하더군. 그들을 이해는 하면서도 참 실망스러웠어. 난 그런 모습들을 보며 내 후손들에게, 흐르는 시대를 따라 옳고 그른 도리가 무엇인가를 생각하여 살라는 말을 남겼지.

임윤지당 옳고 그른 도리라……. 어려운 이야기네.

윤희순 도리가 무너진 세상이니 오늘날 친일파 후손들이 상속재산을 돌려달라는 소송들을 버젓이 제기할 수 있는 거야. 그나마 패소 판결을 받거나 소송이 기각되고 있어서 다행이긴 한데, 독도 문제도 그렇고, 한일 간 과거사도 아직 제대로 청산되지 않고 있으니…….

강완숙 그래도 요즘은 사회문제에 대한 참여의 방식이 다양해져서 다들 나름대로 자기 입장을 표명하고 사는 듯해. 여성들도 기존의 소극적인 태도에서 벗어나 사회운동에도 활발하게 참여하는 것 같고 말이야.

윤희순 이제는 여자들도 가정의 울타리를 벗어나 사회와 나라의 운명에 참여하고, 발언하고, 행동해야 해. 사고방식이나 행동반경이 '안'에 머물면 안 된다고.

임윤지당 아무리 그래도 여자가 남자와 똑같이 행동할 수는 없어. 그럴 필요도 없고. 남자와 여자는 본분이 다르거든. 남자는 씩씩하고 여자는 유순한 것 자체가 그럴 만한 이치와 법칙이 있기 때문이야.

나혜석 남녀는 본분이 다르다는 식의 그런 인식은 임윤지당이 18세기 사람이기 때문에 생겨난 것 아닐까? 당시의 성 역할론의 세뇌를 받은 결과겠지. 누구든, 남자든 여자든, 자신을 스스로 어떤 틀에 가둘 필요는 없다고 생각해.

강완숙   내가 교회 업무를 보느라 남자 교인들과 수시로 만날 수 있었던 것도 나를 스스로 '조선 여자'의 틀에 가두지 않았기에 가능한 일이었어. 그때도 남녀 간의 내외가 얼마나 엄격했는데? 남의 이목이 두려웠다면 결코 그렇게 못했을 거야.

나혜석   나 역시 마찬가지야. 남들이 뭐라고 하든 상관하지 않았어. 난 남편과 세계 일주를 떠나며 아이들을 두고 갔어. 나에게는 엄마 역할도 중요하지만 자아실현도 포기할 수 없는 가치였으니까. 만약 요즘의 젊은 엄마들이 비슷한 처지에 놓인다면 어떤 결정을 내릴지 궁금해. 그리고 난 결혼 전에 신랑에게 행복한 결혼을 위한 조건을 내걸었어. '착한 여자' 콤플렉스에 빠져 상대방을 배려하기 바빠 자신의 감정과 욕망을 표현하지 못하는 사람들을 보면 좀 안타까워. 물론 난 내 욕망에 충실했고 그걸 당당하게 표현하다 남편과 헤어졌지만 말이야. 그런데 혹시 내가 그랬다고 해서 나를 불행한 여자 취급하는 사람은 없겠지?

강완숙   결혼생활이 원만했는가의 여부가 행과 불행을 나누는 기준이라면 나도 불행한 여자에 속할 걸? 나도 남편이 있긴 했지만 없는 거나 마찬가지였거든. 정신적 교감이 전혀 없는 남편과의 결혼생활은 무의미했지.

윤희순   그럼 가정보다 신앙이 더 소중했단 말이야? 종교 활동이 가정의 행복보다 우선시되는 게 옳은 건가? 난 다행히 남편과 뜻이 맞아 동지이자 동반자로 지냈기에 그런 부부 갈등에 대해 뭐라고 할 말은 없지만 말이야.

임윤지당　종교 활동과 가정의 행복 중에서 어떤 것이 우선이냐에 대한 판단은 각자가 내릴 몫인 것 같고. 일단 강완숙이 그 시대에 남편의 곁을 떠나, 남편의 그늘에서 벗어나, 독자적으로 자신의 세계를 추구해나간 건 분명 획기적인 일이야.

나혜석　'나혜석 콤플렉스'라는 말이 있다면서? 재능 있는 여성의 불우한 말로를 뜻하는 말이라던데, 확실히 '튀는' 여자들은 똑같은 잘못을 해도 두 배로 욕먹는 것 같아. 그러니 꼭 나처럼 하라고는 말 못하겠어. 그저 하고 싶은 말은 하고 살았으면 좋겠어. 왜냐하면 사람은 사상과 표현의 자유, 학문과 예술의 자유, 양심과 신앙의 자유 등 정신적 자유를 지니는 존재거든. 단, 같은 말도 아 다르고 어 다르다는 말이 있듯이, 효과적으로 전달하기 위한 지혜는 필요한 것 같아.

도전과
개척

의료봉사에 힘쓴,
최초의 여성 의사 박에스더

1876년 서울에서 태어났다. 우리나라 최초의 여성 의사이다. 1886년에 이화학당에 입학 후 능통한 영어 실력으로 여성전문병원 '보구여관(保救女館)'의 의사 로제타 셔우드 홀을 보조하다 의학을 공부하기로 결심하고 미국으로 유학을 떠났다. 볼티모어 여자의과대학에 최연소로 입학해 의사가 되어 1900년 귀국해 서울과 평양 등에서 헌신적으로 의료 활동을 펼치던 중 1910년 폐결핵으로 요절했다.

이화학당의 네 번째 학생

여기는 지금 태평양이야. 끝도 없이 펼쳐진 망망대해가 정말 근사해. 배 멀미가 좀 나긴 하지만 참고 있는 중이지.

미국으로 유학을 떠났던 게 1895년인데 지금이 1900년 11월이니 5년 만의 귀국이네. 갈 때 같이 갔던 남편이 지금은 옆에 없는 것이 못내 가슴 아프지만, 이제 조국에서 의사로서의 사명을 다하는 것이 남편의 뜻을 살리는 길이겠지. 남편이 헌신적으로 뒷바라지해준 덕분에 그 힘든 의학 공부를 마칠 수 있었거든. 우리나라 여자들 중에서 서양의학을 공부한 사람은 아마 내가 처음일 거야.

그런데 어떻게 의사가 될 생각을 했느냐고? 어릴 때부터 장래 희망이 의사였느냐고? 혹시 부모님이 의대에 가라고 하셔서 그냥 간 거냐고? 둘 다 아니야. 곰곰 생각해 보면, 내가 의사가 된 건 어쩌면 운명 같아. 그도 그럴 것이, 전혀 생각지도 않게 일이 그렇게 되었거든. 그 드라마틱한 사연은 주말 연속극으로 만들어도 될 정도야.

난 1876년 서울 정동에서 4자매 중 막내로 태어났어. 내 원래 이름은 점동(點童)이란다, 김 점동. 에스더는 세례명이야. 왜 성이 박으로 바뀌었는지는 이따가 얘기해줄게.

내가 열 살 무렵, 아버지는 개신교 선교사 헨리 거하드 아펜젤러의 집에서 잡무를 보는 일을 하고 계셨어. 아펜젤러는 미국 감리교 목사인데 한국선교회를 만들고 배재학당을 설립한 사람이야.

아버지가 그 일을 하신 건 신앙심 때문이라기보다는 가족을 부양하기 위해서였어. 하지만 아버지는 그 덕분에 남들보다 빨리 서양 문물과 사상을 접하실 수 있었고, 또 그것이 계기가 되어 나까지 이화학당에 입학해 신학문을 배울 수 있었지.

그 무렵 정동에서는 미국 선교사들이 활발하게 활동하고 있었어. 미국 개신교가 우리나라에서 선교활동을 시작한 게 바로 그때야. 특히 해외 선교에 적극적이던 감리교단에서 아펜젤러, 언더우드, 스크랜턴 등 선교사들을 파견했는데, 우리나라 전통과 관습, 서양인에 대한 경계심 등을 고려해 교육과 의료 분야에서의 선교를 시도하고 있었지.

내가 입학한 이화학당의 설립자가 바로 메리 스크랜턴이야. '스크랜턴 부인'이라고 알려져 있는데, 아들 스크랜턴 목사의 뒤를 이어 1885년 6월에 아펜젤러 부부와 함께 우리나라에 왔어.

스크랜턴 부인은 정동에 땅을 사서 건물을 짓고 여학교를 열었어. 바로 우리나라 최초의 근대식 여학교인 이화학당이란다. 오늘의 이화여자중·고등학교와 이화여자대학교가 여기서 출발했지. 나는 열 살에 이화학당의 네 번째 학생이 되었는데(1886년), 내 뒤로 세 명이 더 들어와서 1887년 1월에는 학생이 모두 일곱 명이 되었어.

당시에 여자애가 학교에 간다는 것, 여자애가 공부를 한다는 것은 굉장히 특별한 일이었어. 왜냐하면 여자에게는 교육을 시키지 않았거든. 여자는 그저 아이 낳고 살림만 잘하면 된다고 여겨서 굳이 그럴 필요가 없다고 봤던 거야. 그래서 아버지도 처음에는 내가 학교에 다니는 것을 반대하셨어. 스크랜턴 부인의 설득에 마음을 돌리신 거지.

우여곡절 끝에 학교에 들어간 나는 난생 처음으로 공부라는 것을 하면서 새로운 세계에 눈뜨게 되었어. 영어와 산수 등을 배우고 성경과 기도문, 찬송을 접하면서 기독교 신앙도 받아들이게 되었는데, 선교사들이 세운 학교라 기독교 교육에도 꽤 비중을 두었거든. 정신적으로 완전히 새로 태어난 거나 다름없었지.

난 다행히 공부가 적성에 맞았던지 학업 성적이 좋았는데, 특히 영어를 잘해서 선교사 선생님들의 주목을 더 받았어. 영어 실력이 일취월장하자 나중에는 선생님들의 통역까지 맡게 되었어. 선생님들이 대부분 우리말에 서툴러서 나처럼 영어 잘하는 학생이 딱 필요하던 참이었지.

수술실의 통역사

그러던 어느 날, 내 인생을 바꿔 놓은 운명적인 만남이 있었어. 1890년 10월, 로제타 셔우드 홀이라는 여의사가 이화학당의 교사이자 '보구여관'의 의사로 부임해 온 거야. 난 교장선생님인 스크랜턴 부인의 추천으로 그 분의 통역을 맡게 되었어. 교장선생님이 평소에 나를 눈여겨봤던 것 같아. 로제타 홀 선생님은 우리나라에 파견된 최초의 여의사 메타 하워드의 후임자로 온 거였는데, 한 달 후에는 보구여관의 책임자로 임명되었어.

그런데 보구여관(保救女館)은 어떤 곳이냐고? 1887년(고종 23년)에 스크랜턴 부인의 제안으로 메타 하워드가 이화학당 안에 세운 우리나라 최초의 여성 전문병원이야.

여성 전문병원이 있었던 것을 보니 여성의 의료복지 수준이 높았던 것 같다고? 천만의 말씀! 일단 당시 우리나라의 의료복지는 전체적으로 수준이 매우 낮았어. 특히 여성들은 대부분 의료 혜택의 사각지대에 놓여 있었다고 해도 과언이 아니야. 왜냐고? 여성들의 지위 자체가 낮은 데다, 소위 남녀유별이라 해서 여성은 바깥출입에도 제한이 많았고, 또 병이 들어도 남자 의사에게 몸을 보일 수 없다며 여성들 스스로 치료를 포기하는 일이 많았거든. 그러니 1884년 미국인 의사 알렌에 의해 서양 의술이 도입되었어도 여성들은 치료받을 기회가 거의 없었어. 다리에 종기가 나는 정도의 간단한 질환도 제때 치료를 받지 못해 다리를 못 쓰게 되는 식으로 악화되는 경우가 흔했어. 그래서 여성들만 갈 수 있는 병원이 꼭 필요했던 거야.

나는 로제타 홀 선생님 밑에서 통역도 하고 일을 거들었어. 그것은 결코 쉽지 않은 일이었어. 환자의 상처도 봐야 하고 때로는 수술실에도 들어가야 했거든. 선생님이야 의사로서 훈련을 받은 사람이지만 나는 10대 중반의 소녀였는데 그런 수술 장면을 보는 것이 정신적으로 감당하기 어려운 일이었어. 그래도 난 선생님에게 없어서는 안 될 통역사였고, 선생님 역시 나를 무척 아껴주셨어.

선생님은 부임하자마자 환자들을 진료해야 했어. 3년간 총 1만4천여 명의 환자를 진료했지. 그 와중에 틈틈이 입원환자들을 회진하고 왕진도 다녔어. 그때마다 내가 그림자처럼 붙어 다녔음은 물론이야. 환자들은 선생님의 헌신적인 모습에 감동하곤 했는데, 한 번은 이런 일도 있었어.

내 또래의 젊은 여성 환자가 왔는데, 몇 년 전에 화상을 입어 손가락 세 개가 붙어 손바닥 쪽으로 굽어 있었어. 선생님은 곧 환자를 입원시키고 수술 준비를 지시했어. 선생님은 환자의 손가락들을 분리하고 똑바로 펴지도록 조치한 다음, 피부 이식을 시도했지. 하지만 환자에게서 절개한 피부로 모자라자 선생님 자신의 피부에서도 몇 조각을 떼어내 환자에게 이식했어. 말 그대로, 환자를 위해 자신의 몸을 아끼지 않는 모습이었지. 상처가 다 아물어 퇴원한 그 환자는 고맙다면서 선생님에게 수탉 한 마리와 암탉 세 마리를 보내왔단다.

선생님은 우리나라 여자들의 현실을 고려할 때 여자 의사가 반드시 필요하다고 보고 나에게 의학을 가르치려고 했지만, 난 여전히 치료나 수술 장면을 보는 것이 부담스럽기만 했어. 이렇게 감쪽같이 상처를 치료하는 서양 의술이 신통하게 여겨졌어도 나의 일이라고는 생각되지 않았던 거야. 하지만 어떤 일을 계기로 마음을 달리 먹게 되었단다.

어느 날 여자아이 하나가 부모 손에 이끌려 병원을 찾아왔어. 아이는 구순구개열 환자였어. 구순구개열은 언청이라는 말로 더 많이 알려져 있는데, 입술이 갈라진 모습이라 환자들이 놀림을 많이 받곤 했지. 진료실에 들어온 아이 역시 부끄러운 듯 고개를 푹 숙이고 있었어.

나는 선생님의 말대로, 수술하면 정상이 된다고 통역했어. 언청이는 불치병으로 여겨지던 때라 부모는 믿지 못하는 눈치였어. 그렇게 반신 반의하던 부모는 며칠 후 붕대를 풀고 아이의 얼굴을 눈으로 확인하고 는 그만 감격해서 울고 말았지. 옆에서 지켜보던 나도 얼마나 감격스럽 던지…… 그리고 이렇게 환자에게 새 삶을 선사하는 의사라는 직업에 존경심이 들었어.

난 비로소 결심했어. 의술을 배워 고통 받는 사람들을 돕겠다고 말이 야. 곧 보구여관에 개설된 '의학반'에서 약학, 생리학, 심리학 등 의학 강 의를 듣고 기초적인 의료 기술을 배우기 시작했어. 그러면서 틈틈이 약 도 짓고 환자들도 간호했지.

의학 공부를 하다 보니 말 못할 에피소드도 많았어. 한 번은 선생님 이, 성 밖에서 주워 온 사람 뼈를 수업시간에 교습 자료로 쓰겠다고 했 다가 다른 선교사들이 만류하는 바람에 방법을 바꾸기도 했어. 왜냐하 면 '외국인들이 아이들을 잡아먹고 아이 뼈를 갈아다 약으로 쓴다'는 유언비어가 퍼져 있던 터라 자칫하면 오해를 살 수 있었거든. 그래서 선 생님은 학생들을 한 명 한 명 방으로 불러 사람 뼈를 보여주며 조심스 럽게 인체 구조에 대한 개별 지도를 해주셨어.

김 에스더에서 박 에스더로

이화학당에 다니며 기독교 신앙에 귀의한 나는 1891년 1월, 정동 예배당에서 세례도 받았어. 이때 받은 세례명이 '에스더(Esther)'인데, 이때만 해도 난 김 에스더였어. 그런데 2년 후에는 박 에스더가 되었단다. 왜 성이 바뀌었느냐고? 결혼을 하면서 서양 풍습에 따라 남편 성을 따랐거든.

그때가 1893년 5월이니까 내 나이 열일곱 살이었어. 당시는 열네 살만 되면 결혼을 하던 때라 적령기를 넘긴 나이였어. 공부하랴 일하랴, 바쁜 와중에 언제 신랑감을 만났느냐고? 인연은 멀리 있지 않다더니, 로제타 홀 선생님의 남편인 윌리엄 홀 박사님의 조수로 일하던 박유산(朴有山)이라는 남자가 내 남편이 되었지 뭐야? 홀 선생님 부부가 중매를 서준 셈이야.

남편은 신앙심이 깊고 성실한 청년이었어. 난 그의 사람 됨됨이가 마음에 들어 결혼을 결심했지만 부모님은 반대하셨어. 우리 집안은 비록 가난하긴 해도 선비 집안인데 그쪽 집안은 우리보다 신분이 낮아서 안된다고 말이야. 하지만 난 포기하지 않고 부모님을 설득했어. 부모님은 내가 고집을 꺾지 않는데다, 나이 꽉 찬 처녀의 몸으로 계속 활동하는 것이 걱정스러우셨던지 결국 찬성하셨지.

우리 부부는 결혼 1년 만인 1894년 5월, 평양에 병원(광혜원)을 설립해 부임하는 홀 선생님 부부를 따라 평양으로 갔어. 우리가 이사하자

평양 관리들이 도시가 외국인들에게 넘어가기 시작했다며 주민들을 자극하는 바람에 집에 돌이 날아들고 우리를 도운 사람들이 줄줄이 체포되는 등 한바탕 곤욕을 치렀지. 홀 박사님은 진료는커녕 이들의 석방을 청원하느라 여기저기 뛰어다니기 바빴어.

구경꾼들이 집으로 몰려와 괴롭히기도 했어. 사람들은 홀 선생님 부부의 아기를 보고는 '눈이 파란 것을 보니 사람이 아니라 개'라는 말을 하기도 했단다. 사람들은 늦은 밤까지 창호지에 구멍을 내면서 방안을 들여다보곤 했어.

다행히 체포된 사람들이 죽기 직전에 겨우 풀려나고 사태가 진정되어 우리는 본격적으로 의료 활동을 시작했어. 그러나 청일전쟁 발발 직전이라 분위기가 너무 험악해서 한 달 만에 다시 서울로 와야 했어. 결국 청일전쟁이 일어나고 평양이 전쟁터가 되었는데 윌리엄 홀 박사님은 다시 평양에 가서 부상당한 군인들을 치료하다 발진티푸스에 걸려 죽고 말았어.

결혼 2년 5개월 만에 남편을 잃은 로제타 홀 선생님은 충격으로 몹시 괴로워했지. 장례를 치르고 난 후 선생님은 미국으로 돌아가기로 결정하고, 나한테 본격적으로 의학을 공부할 것을 권했어. 나는 선생님의 도움으로 장학금을 받게 되었고, 고향으로 돌아가는 선생님을 따라 미국으로 향한 거란다. 남편과 함께 말이야.

슬픔은 나의 힘

나는 1894년 12월 홀 선생님의 친정인 뉴욕 리버티에 도착해 석 달 후에 리버티 공립 고등학교에 입학했어. 사실 그 시절에 조선 여자가 미국 땅에서 공부한다는 것은 혼자서는 어림도 없는 일이었어. 선생님을 통해 개신교 선교부의 지원을 받았기에 가능한 일이었지.

도와준 분들에게 보답하기 위해서라도 난 열심히 공부했어. 공부한 만큼 좋은 성적을 거둬서 얼마나 다행이었는지 몰라.

그리고 고등학교를 졸업한 후에는 뉴욕시 유아병원에 일자리를 얻었어. 생활비를 벌어야 했으니까. 또 밤에는 새벽까지 공부를 했어. 말 그대로 주경야독(畫耕夜讀)인 셈이지. 의대 진학이 목표였으니까 기초를 다지기 위해 개인교사를 두고 라틴어와 물리학, 수학 등도 공부했어.

그렇게 밤을 낮 삼아 공부한 보람이 있었는지, 1896년 10월 1일, 드디어 볼티모어 여자의과대학(현재의 존스 홉킨스 대학)에 입학 허가를 받았단다. 그때 만 스무 살이었는데 내가 최연소 입학 기록을 세웠다는군. 물론 동양인으로서가 아니라 그 학교 설립 이래 모든 학생을 통틀어서 말이야. 그 다음부터의 내 생활은 그저 공부! 공부! 공부! 자세히 말 안 해도 알겠지?

자, 그럼 내가 그토록 책에 파묻혀 사는 동안 남편은 뭐했는지 궁금하지? 남편도 같이 공부했느냐고? 천혀!

지금도 그때를 떠올리면 슬픔이 북받쳐 올라. 남편은 로제타 홀 선생님의 친정에서 농장 일을 하며 생활비와 내 학비를 벌었어. 남편은 미국에 와서 자신의 영어 실력이 공부를 할 정도가 못 된다고 여기고는 내 뒷바라지에 나선 거야. 낯선 이국땅에서, 말도 안 통하고 음식도 안 맞는 그곳에서 상투머리 차림으로 4년 동안 오로지 외조만 한 거야. 하지만 남편은 그토록 고생한 보람도 없이, 내가 졸업하기 직전에 급성 폐결핵으로 세상을 뜨고 말았어.

남편을 먼저 보내면서 얼마나 울음을 삼켰던지……. 그때의 그 비통한 심정은 이루 말로 다할 수 없어. 내 살아생전에 남편의 묘소에 다시 올 수는 있을까, 아는 사람 하나 없는 타국 땅인데 누가 와서 꽃다발 하나 놓아줄까 싶어서 말이야.

사랑하는 남편을 두고 가야 하는 것도 가슴 아픈데, 크고 화려한 묘비들 사이에서 남편의 묘비만 유독 초라하니 더 안타까웠지. 남편의 묘소는 현재 미국 볼티모어 서부 로레인 파크 공동묘지에 있으니 누구든 기회가 된다면 내 대신 한번 찾아봐주면 좋겠어.

난 슬픔을 에너지원 삼아 더 열심히 공부했어. 그리고 몇 주 후 우수한 성적으로 졸업하였고 드디어 의사가 되었어(1900년 6월). 그토록 염원하던 의사가 되었지만 남편을 생각하면 한없이 우울할 뿐이야. 하지만 난 내 사명을 생각하고 마음을 다잡았어. 그리고 미국에서 보장된 탄탄한 미래를 뒤로 하고 귀국길에 오른 거야.

재주 부리는 귀신

자, 이제 배가 항구에 도착했어. 이런 걸 금의환향(錦衣還鄉: 출세하여 고향에 돌아옴)이라고 하나. 하지만 난 그런 기쁨을 누릴 겨를도 없이 돌아오자마자 보구여관에서 일을 시작했어. 유학 떠나기 전에 있었던 그 보구여관 말이야.

1897년에 다시 우리나라로 돌아와 일하고 계시던 로제타 홀 선생님과 반갑게 해후(邂逅: 오랫동안 헤어졌다가 다시 만남)했지. 옛날에는 내가 선생님의 통역사 겸 조수였지만 이제는 대등한 위치에서 서로 협력하는 관계로 발전한 거야.

그런데 내가 외국에서 공부를 하고 온 동안에도 조선 여성들의 현실은 여전했어. 아직도 진맥조차 자유롭게 받지 못할 정도니 남녀유별의 내외법(內外法)은 참 끈질기기도 하지. 게다가 사람들은 서양 의술을 삐딱한 시선으로 봤어. 귀신이 부리는 마술 정도로 생각했으니 말이야. 난 의사로서 서양의술에 대한 대중의 불신과도 싸워야 했어.

난 그럴수록 더 묵묵히, 열심히 일했어. 휴일도 휴가도 반납하고, 환자가 있는 곳이면 언제 어디라도 찾아갔어. 그러다 보니 열 달 동안 진료한 환자가 3천 명이나 되었어. 혼신의 힘을 다했다고 감히 말할 수 있어. 나로 인해 새 생명을 찾은 여성 환자들이 점점 늘어나면서 여의사로서 내 역할은 점점 커져갔지.

1903년에는 활동 반경을 넓혀 서울을 떠나 평양으로 갔어. 로제타 홀 선생님이 일하고 있던 병원으로 자리를 옮겼거든. 보구여관에 계시던 선생님은 1898년 평양으로 가서 홀 기념병원에서 일하셨어. 홀 기념병원은 1897년에 개원했는데, 홀 박사님을 기념해 건립된 병원이야.

선생님은 매일 엄청난 환자들을 돌보는 한편, 평양 최초의 여성병원인 광혜여원도 설립했어. 나는 선생님을 도와 광혜여원에서 한 달에 3백여 명의 환자를 진료했단다. 난 선생님을 진심으로 존경하고 따랐어. 선생님은 우리나라에 온 후 수십 년간 불우한 이들을 위해 봉사하고 헌신한 분이야.

북쪽의 의료 수준은 서울에 비해서 턱없이 열악했어. 게다가 콜레라가 유행해 사람들이 떼죽음을 당할 처지였으니 의사로서 어떻게 가만히 있을 수 있겠어? 콜레라에 전염될 위험이 있었지만 난 죽음을 무릅쓰고 진료에 나섰어. 병원에 앉아 환자가 오기만을 기다리지 않고 벽지의 환자들을 찾아 나섰어. 서양 의술에 무지한 시골 사람들은 몸이 아파도 결코 의사를 찾아갈 생각은 하지 않았거든. 그들은 나 같은 서양 의사에게 몸을 보이는 것을 극히 꺼려했어.

하지만 난 평안도와 황해도의 궁벽한 시골까지 다니며 무료로 진료를 했어. 주로 가마를 타고 다녔지만, 길이 좁은 산골마을에서는 당나귀를 타고, 눈 내리는 겨울에는 당나귀가 끄는 썰매를 타고 다녔단다. 내 몸을 돌보는 것보다 환자들의 건강이 우선이었으니까. 하지만 이런 내 마음을 사람들 모두가 알아주는 건 아니어서 푸대접을 받은 적도 많아. 의사로서 한 사람이라도 더 살려야한다는 사명감이 없었다면 중도에 포기하고 말았을 거야.

그렇게 애쓴 보람이 있었던지 언제부턴가 사람들의 태도가 조금씩 달라지기 시작했어. 내 의술이 신통하다며 '귀신이 재주를 피운다'는 식으로 소문이 난 거야. 그러더니 어느새 사람들 사이에서 내가 '우리들의 의사'로 불리고 명의로 소문이 나기 시작했어. 이거 참 놀라운 일이지? 상전벽해(桑田碧海: 뽕나무밭이 변하여 푸른 바다가 된다는 뜻으로 세상일의 변화가 심함을 비유적으로 이르는 말)가 따로 없다니깐!

난 이제 또 다른 일에도 뛰어들었어. 우선 선생님이 세운 맹아학교(盲啞學校: 시각·청각·언어 장애인을 대상으로 특수 교육을 실시하는 학교)의 교사로 일했어. 선생님은 장애인의 재활교육에도 관심이 많았거든. 다른 장애인들도 마찬가지였지만 당시에 맹인들은 버림받은 인생이었어. 그나마 집안에 여유가 좀 있으면 안마사나 무당 같은 직업을 가질 수 있었고, 대부분은 더러운 방에 갇혀 학대받다가 일생을 마치곤 했지. 심지어 앞 못 보는 손녀에게 독약을 먹이려던 할머니가 발각된 적도 있는 걸. 나는 선생님과 함께 맹아들에게 점자를 가르치고 오르간을 가르치는 등 재활교육에 힘썼어.

또 선생님과 함께 간호학교를 설립하였고, 곳곳에 강연도 다녔어. 어떤 내용으로 강연을 했느냐고? 위생 관념이 철저하지 못할 때라 우선 위생 교육에 중점을 뒀고, 또 나라의 장래를 위해서는 여성 교육이 시급하다는 생각에 여성들을 위한 계몽 강연도 많이 했어.

여성 의료인의 길을 열어

그렇게 10여 년간 몸 사리지 않고 뛰어다녔더니 남들이 먼저 알아주더군. 1909년 4월 경희궁에서는 선교사들과 사회 명사들이 주최한 '해외유학 여성 환영회'가 열렸어. 고종황제를 비롯해 각계 유명 인사 8천여 명이 모인 자리에서 나는 한국 여성 최초로 미국에서 문학사 학위를 받은 하란사(河蘭史)와 함께 여성교육협회와 여성기획협회가 공동으로 주는 표창장을 받았단다. 물론, 크나큰 영광이지.

그러나 영광도 명예도 한 순간이야. 환자를 돌보느라 몸을 아끼지 않은 탓인지 의사인 내가 병에 걸리고 말았어. 그것도 몸살 정도가 아니라 폐결핵이라는 중병에 걸린 거야. 의사니까 자기 병은 고칠 수 있지 않냐고? 아니야. 폐결핵은 당시 의학 기술로는 손을 쓸 수 없는 병이었어.

결국 1910년 4월 13일 서른넷의 나이로 생을 마감했단다. 아직도 돌봐야 할 여성 환자가 많은데 그들을 남겨두고 가야 한다니 눈이 감기지 않았지. 그런데 남편과 같은 병으로 죽다니 그것도 참 묘한 일이지?

비록 짧은 생이었지만 한국 최초의 여의사로서 의료사업, 계몽활동, 사회사업, 선교활동 등 다방면으로 활동한 보람이 있었는지, 내가 죽은 후 많은 변화가 있었어. 특히 내 뒤를 이어 여자 의사들이 많이 배출되었다는 사실! 내가 진료하는 모습에 감동 받아 의사가 되기로 결심을 했다니 나로선 더욱 보람이 느껴져. 그리고 지금은 어때? 알다시피 여자 의사는 더 이상 희귀한 존재가 아니야.

이처럼 여성 의료인의 길을 열었다는 것만으로도 가슴 벅찬 일인데 2006년에는 우리나라 과학기술 선현의 한 사람으로 선정되어 명예의 전당에 이름이 올랐지 뭐야? 게다가 이화여대 의과대학 동창회에서는 2008년부터 '자랑스러운 이화의인 박에스더賞'을 제정해서 시상하고 있다니 더더욱 감회가 새로워.

내가 당시 사회에서 소외되어 있던 여성들에게 의술을 펼친 것은 같은 여성으로서, 같은 입장으로서 그들에게 자매애를 느꼈기 때문이야. 이처럼 약자들이 서로 돕고, 아울러 강자들이 약자를 배려해주는 사회가 된다면 참 좋겠어. 또한 여성들도 사회적으로 인정받을 수 있는 가능성을 보여주었다는 평가를 받는다면 더욱 영광이겠어.

남들이 가지 않은 길을 간
'바람의 딸'

김금원

1817년에 강원도 원주에서 태어났다. 여성의 자유가 제한적이던 조선시대에 세상 구경을 갈망해 14세에 남장을 하고 제천 의림지, 금강산, 관동팔경, 설악산, 서울을 유람한 후『호동서락기(湖東西洛記)』라는 기행문을 남겼다. 또 최초의 여성 시 동호회 '삼호정 시사'를 만들어 동인들과 시작(詩作) 활동을 하였다. 학문이 깊고 시문에 능해『사기』의 저자 사마천에 빗대 '규수 사마자장'이라 불렸다. 사망 년도는 알려져 있지 않다.

열네 살에 남장하고 금강산으로

"사람으로 태어났으면 산수 자연을 즐겨서 견문을 넓혀야 하옵니다. 어찌 여자라고 규방에만 있겠습니까? 제 마음은 이미 집을 떠나 있사옵니다. 정 허락을 안 해 주시면 몰래 떠날 수밖에 없사옵니다."

"허허, 네 고집을 꺾을 길이 없구나."

1830년 어느 봄날, 난 드디어 아버지의 허락을 받아내는 데 성공했어. 그토록 고대하고 고대하던 여행을 떠나게 된 거야.

어디로 가느냐고?

금강산!

누구와 가느냐고?

혼자!

묻지는 않았지만 한 가지 더 이야기해줄까?

나이는 열네 살!

놀라긴!

하긴, 지금도 열네 살 소녀가 혼자 여행가겠다고 하면 '얼씨구나 좋다' 고 허락할 부모는 없을 거야. 하물며 여자는 집 밖에 돌아다닐 수도 없고 웃음소리가 밖으로 새어 나가도 안 되던 조선시대에 어떻게 그런 엄청난 일을 꾸몄느냐 이거지?

맞아! 내가 살던 19세기는 여자가 여행을 한다는 것은 생각조차 할 수 없던 시대였어.

그러고 보니 중요한 질문이 하나 빠졌군. 나더러 왜 가는 거냐고 묻지 않았잖아? 단순히 눈을 즐겁게 하기 위한 게 아니었어. 나에겐 마땅히 떠나야 할 이유가 있었다고.

눈으로 넓고 큰 산하를 보지 못하고

마음으로 온갖 세상사를 겪지 못하면

변화무쌍함에 통달할 수가 없어

그 국량(局量: 남의 잘못을 이해하고 감싸 주며 일을 처리하는 힘)이 협소(狹小: 사물을 보는 안목이나 아량이 좁다)하고 식견(識見: 사물을 분별할 수 있는 능력)이 넓을 리가 없다.

내가 남긴 기행문 『호동서락기』에 나오는 말이야. '들어앉은 똑똑이보다 돌아다니는 바보가 낫다'는 말도 있잖아? 사람은 일단 많이 다녀보고, 많이 만나보고, 많이 겪어 봐야 해. 난 이런 진리를 신통하게도 어린 나이에 깨친 거지.

사실 남자들은 여건이 되고 결심만 한다면 언제든 여행을 떠날 수 있었어. 청나라 여행기와 명산 유람기들이 쏟아져 나온 것을 봐도 알 수 있을 거야. 하지만 여자들은 상상이나 하면서 호기심을 달래야 했어.

상상하는 것으로 만족할 수 없었던 나는 뜻을 세웠고, 아버지를 설득하는 작업에 들어갔어. 물론 쉽게 될 거라고는 생각하지 않았어. 끝내 허락을 못 받을 수도 있는 거니까. 물론 아버지 역시 듣기만 하지 않았고, 여행을 포기하게끔 하려고 나를 설득하셨지. 서로 상대를 설득하는 싸움이 오래오래 계속됐어.

그런데 자식 이기는 부모 없다고 하잖아? 결국 내 고집에 아버지가 진 거야. 어찌 보면 아버지도 대범한 거지. 그 시절에 그런 결단을 내리기가 쉽지 않은데 말이야. 그러고 보면 내가 아버지를 닮은 건가?

다음날 바로 짐을 꾸리기 시작했어. 그런데 아버지의 얼굴이 다시 심각해지는 거야. 아무리 생각해봐도, 결혼도 안 한 처자가 동행도 없이 돌아다니는 것은 너무 위험한 일이라면서 말이야. 난 아버지가 다시 반대를 하면 어쩌나 마음이 조마조마했는데, 아버지가 갑자기 무릎을 치면서 절묘한 꾀를 하나 내셨어. 바로 남장을 하고 다니라는 거야!

난 옳다구나 싶어, 얼른 남자 옷으로 갈아입고 머리를 사내아이처럼 땋았어. 그리고는 푸른 장막을 치고 앞쪽을 활짝 튼 가마에 앉아 유람길에 올랐지.

강원도 원주에서 출발한 여정은 길고 복잡했어. 충북의 제천과 단양을 거쳐 금강산으로 갔다가 관동팔경(강원도를 중심으로 한 동해안에 있는 8개소의 명승지. 간성의 청간정, 강릉의 경포대, 고성의 삼일포, 삼척의 죽서루, 양양의 낙산사, 울진의 망양정, 통천의 총석정, 평해의 월송정)과 설악산을 둘러보고 서울까지 갔다 왔거든.

특히 압권은 금강산이었어. 사대부 양반들 사이에선 이미 금강산 유람이 유행처럼 번지고 있었는데 그 바람에 일반 백성들도 금강산 구경을 평생 소원으로 꼽곤 했지. 금강산은 중국에서도 유명해서 시인 소동파(蘇東坡)도 와보고 싶어 할 정도였어.

가보니 명불허전(名不虛傳: 명성이 헛되이 퍼진 것이 아니다)이라고, 정말 그럴 만하더군. 금강산을 돌아보고 푸르른 동해를 마주하니 영감이 샘솟아 시 한 수가 뚝딱 나왔지.

모든 물 동쪽으로 다 흘러드니

깊고 넓어 아득히 끝이 없구나

이제야 알았노라 하늘과 땅이 커도

내 가슴속에 담을 수 있음을

이런 게 바로 호연지기의 기상 아니겠어? 그 다음엔 동해안의 절경들이라는 관동팔경을 구경했어. 금강산과 관동팔경까지 보고 나니, '삼천리 금수강산'이라는 말이 괜히 나온 게 아니란 생각이 들었어. 중국에도 명승지가 많다지만 이 정도면 중국과 비교해도 전혀 꿀릴 게 없다 싶었지.

명승고적을 구경하며 천지자연의 조화에 감탄하던 나는 이제 번화한 곳을 찾아 서울(한양)로 갔어. 궁궐은 웅장하고, 고래 등 같은 기와집이

즐비하고, 오가는 사람도 많고, 물자는 또 어찌나 풍부하던지. 시골에서만 살다 갑자기 '제왕의 도읍지'를 접하니, 이번에는 말하자면 문화적 충격을 받은 셈이었지.

그렇다고 세련된 도회지에 주눅이 든 건 아니었어. 오히려 성내를 두루 보고 나니 비로소 안목이 넓어지고 흉금(胸襟: 마음속 깊이 품은 생각)이 탁 터지는 느낌이었지. 어쩌면 껍질이 깨지는 아픔도 함께 느껴졌는지 몰라. 말하자면 정신적으로 한 단계 성숙한 거야. 그래서 너희들에게도 여행을 강력히 추천한단다. 그리고 이때의 기록은 나중에『호동서락기』에 자세히 실리게 돼.『호동서락기』는 기행문이자 내 삶의 기록이기도 한데, 자세히 알고 싶다면 조금만 기다려 봐.

규방으로 돌아가지 않아

여아의 남장은 일상적인 일이 아니며,

하물며 인간의 정은 무궁할 뿐이다.

군자란 충족한 것을 알면 능히 멈출 수 있으므로,

절제하고 지나치지 않는다.

소인은 감정대로 바로 행하기 때문에

흘러가 돌아갈 줄 모른다.

나는 유람으로 숙원을 이루었으니

이제 가히 멈출 만하다.

다른 본분으로 돌아가서

여공(女工)에 종사하는 것이 옳지 않겠는가.

마침내 남장을 벗어버리고 옛으로 돌아오니

이는 아직 쪽지지 아니한 여자이다.

난 '적당한' 시점에 스스로 유람을 끝내고 어색한 남자 옷을 벗어버렸어. 다시 일상으로 돌아온 거지. 하지만 이미 눈치 챘는지 모르지만, 마음속에는 아직도 바깥 세상에 대한 욕망이 꿈틀거리고 있었어. 단, 그것을 절제했을 뿐이지.

물론 욕망대로 살 수는 없는 법이야. 현실을 도외시할 수 없잖아. 난 자존심이 높고 기개도 남달랐고 생각하는 스케일도 컸어. 하지만 여자이고 미천한 신분이라 사회적으로는 무력한 존재일 수밖에 없었지. 어쩌면 인생이 꼭 자기 뜻대로 되지는 않는다는 것을 십대 중반에 일찍이 깨친 건지도 몰라.

그래서 여행을 다니며 웅대한 자연과 화려한 도읍지를 보고 식견이 넓어지자 오히려 더 좌절감을 느껴야 했어. 게다가 당시 19세기 중반의 조선은 상공업이 발전하면서 서서히 변화의 바람이 불고 있었어. 남자들이야 새로운 지식을 받아들이고 유람도 다니며 재미있게 살았지만 규방 안의 여자들에겐 여전히 남의 일이었다고.

그러니, 여행에서 돌아온 나는 혼인 적령기였음에도 규방으로 돌아가지 않았단다. 그럼 어디로 갔느냐고? 위의 글에 보면 '여공에 종사'한다는 표현이 나오는데, 이는 결혼생활을 의미하는 거라고 보면 돼. 언뜻 보면 여행에서 돌아와 바로 결혼한 것 같지만 사실 내가 결혼한 것은 이때부터 10년이나 지난 후의 일이야. 그 사이에 있었던 일은 『호동서락기』에 나와 있지 않을 거야. 내가 기생이 되어 시기(詩妓)로 이름을 날렸다는 내용을 쏙 빼놓았음에도, 후대의 사람들은 동시대에 나와 교유(交遊: 서로 사귀어 놀거나 왕래함)했던 이들이 남긴 글에서 내 행적을 찾아냈지.

맞아. 난 한때 '금앵'이라는 이름으로 기녀 생활을 했어. 당대의 문인들과 시를 주고받으며 시재를 뽐냈단다. 그렇지만 신분상으로는 관비의 몸이었어. 원주 감영(監營: 조선 시대에 관찰사가 직무를 보던 관아)의 기생이었거든. 왜 천한 기생이 되었느냐고? 그건 상상에 맡길게.

몸은 소실 마음은 정실

여행으로 인한 소득은 여러 가지였어. 특히 금강산 유람 중에 만난 김덕희와 부부의 연을 맺게 되었으니 말이야. 난, 서울에서 시랑(侍郎)이며 규당(奎堂) 학사로 있던 김덕희를 찾아가 그의 소실이 됨으로써 비로소 '쪽진 여자'가 되었단다. 배필이라 생각되는 남자를 직접 찾아간 사실도 예사롭지 않지?

김덕희는 아버지가 병조판서를 지낸 데다 1835년 문과에 급제한 엘리트 관료였어. 난 사실 그것보다도 그 사람의 학식과 인품에 끌렸던 거지만 말이야. 난 남편을 진정으로 사랑하고 존경했어. 노후 보장을 바라고 그의 소실이 된 것은 아니었다는 뜻이야. 남편 역시 나의 이런 뜻을 잘 알고 있었지. 그만큼 우리는 인격적으로 서로 존중하는 사이였다고 생각해.

왜 소실이 되었느냐고? 일단 내가 서출(庶出: 첩이 낳은 자식)이었거든. 서녀는 대개 소실이 되거나, 같은 서출과 결혼하거나, 아니면 기생이 되거나 했는데, 난 내가 존경할 만한 남자의 소실이 되기를 택했던 거야. 물론 계속 기생 노릇을 할 수는 있었겠지만 기생은 아무리 재주가 있다 해도 술자리를 장식하는 존재일 뿐. 주체적으로 살기는 힘들지.

소실의 삶에도 나름대로 장점이 있긴 했어. 그것은 신분이 낮은 만큼 비교적 외부 활동이 자유롭다는 점이야. 그러니 내가 규방에 틀어박혀 여자의 본분인 길쌈과 바느질에 몰두했으리라고 생각하지는 않겠지?

난 그때까지 그래왔듯 여전히 공부를 하고 문장을 익혔어. 난 어려서부터 몸이 약해 병치레를 자주 했는데, 아버지는 그런 내가 가여웠던지 바느질 대신 글 공부를 하게 했어. 서녀에게 글을 가르친 걸 보면 아버지가 나를 꽤 아끼고 사랑했다는 걸 알 수 있을 거야. 난 공부가 적성에 맞았던지 곧 유교 경전과 역사는 물론 고금의 문장에 통달했지. 특히 시를 잘 지었어.

재주는 드러나게 마련인지, 결혼한 이후에도 학문이 깊고 시문에 능하다는 칭찬을 종종 들었고, 나중에는 『사기』의 저자 사마천에 빗대 '규수 사마자장(司馬子長)'(사마천의 자가 자장, 즉 여자 사마천이라는 뜻)이라 불리기까지 했단다. 그때 내 나이 27세였던가.

그로부터 2년 후 남편이 지방 관리로 발령이 났어. 그 바람에 그동안 억눌러 왔던 여행 욕구가 다시 불타오르게 되었지. 1845년 남편이 용만부(지금의 의주) 부윤으로 부임하게 되었는데, 부윤은 조선시대 지방관청인 부(府)의 우두머리야. 관찰사와 동격이니까 지금으로 치면 도지사·시장 정도의 꽤 높은 벼슬이지.

나는 그해 1월, 남편의 행차보다 먼저 떠나 용만부에 도착했어. 가는 동안에도 곳곳의 지형이나 산세, 물산(物産) 등에 대해 관심이 있어 꼼꼼히 기록해 두었지. 용만부에 도착해서도 청나라와 국경을 가르는 압록강을 보면서 감회가 남달랐어. 용만의 행정을 책임질 수령의 안사람으로서 일종의 책임의식 같은 것이 느껴진 거야. 왜냐하면 용만은 접경 지역(경계·국경이 서로 맞닿아 있는 지역)이라 군사적 요지거든. 게다가 물자가 흔하고 무역이 발달한 만큼 밀무역(법을 어기고 몰래 무역함)도 성하고 청탁도 많은 곳이었어.

그래서 남편의 임기 동안 나는 철저하게 노비와 아전들을 단속했어. 관청이 부패하면 곧 국방에 허점이 생기게 돼. 신분제가 붕괴되던 때라 그들을 통솔하기 쉽지 않았지만, 난 현지 실정을 빨리 파악하고 적절하게 대처했어. 덕분에 남편이 무사히 임기를 마칠 수 있었지.

그러고 보니 내가 시만 잘 지은 게 아니라 공적인 일도 잘 처리하고 아랫사람도 잘 부렸다는 자화자찬 같네. 한 가지 덧붙인다면, 적어도 내가 보통 여자들과 달리 시사적인 문제에 관심이 높았다는 것만큼은 확실하게 말할 수 있지.

물론 용만에 사는 동안에도 통군정이며 압록강 등 경승지를 두루 여행하고 다녔어. 국경지대의 독특한 매력을 어찌 모른 척 할 수 있겠어?

삼호정 시사의 5인방

1847년 임기를 마친 남편은 아예 관직에서 물러났어. 원래 벼슬에 큰 뜻이 없는 사람이었거든. 정말 선비다운 선비였다고 할까? 난 남편이 그처럼 세속적인 성공을 추구하지 않는 점이 참 마음에 들었어.

우리는 서울로 돌아와 지금의 용산에 있던 삼호정(三湖亭)에 정착했어. 삼호정은 남편의 별장이었는데 한강변에 있어 경치가 아주 일품이었어. 남편은 대나무로 만든 낚싯대로 낚시를 하고 나는 정원을 가꾸는 등 우리 부부는 한가롭고 평화롭게 살았지.

그 무렵 내 생활에 큰 변화가 생겼어. 내가 좀 앞서가긴 했나 봐? 조선 최초로 여성 시사(詩社)를 만들었으니 말이야. 시사란 시를 짓고 즐기는 모임이야. 일종의 시 동호회 같은 거지. 난 뜻 맞는 친구들, 특히 시와 문장이 뛰어난 친구들을 불러 모아 함께 시를 지었단다.

여기서 당시의 시사 문화에 대해 잠깐 보충 설명을 할까 해. 당시 서울과 경기 지역에는 시사들이 많이 있었어. 정치적·사상적으로 뜻 맞는 사람들끼리 자연스럽게 모임을 이루어 음악과 술을 곁들이며 시를 주고받았지. 사대부 모임으로는 박지원, 박제가, 이덕무, 홍대용 등의 북학파가 만든 '백탑시사'와 정약용, 채이숙 등의 '죽란시사'가 특히 유명했어.

시사는 처음에는 양반 사대부들의 전유물이었지만 조선 후기 들어서는 더 이상 양반들이 독점하기 어려워졌어. 18세기 중엽에는 이미 중인 계층으로까지 확산되었지. 사회적으로 불만이 많던 중인과 서자 출신 남성들은 이런저런 시사들을 만들어 문학을 통해 불만을 해소하곤 했어.

중인과 서인들을 가리켜 '위항인(委巷人)'이라 하는데, 글자 그대로 위항, 즉 골목길에 사는 사람들이란 뜻이야. 위항문학이 발전하면서 위항 시인들의 시사가 급증했고 참가자가 수백 명이나 되는 대형 시사도 생겨났어. 하지만 그들은 자신들의 시를 사대부 문장가들에게 보이고 그들의 인정을 받으려고 애썼으니 좀 안타까운 노릇이지.

어쨌든 시사 활동은 남성들만의 것이었어. 여자들에게는 철저히 차단된 것이었다고. 내가 여자들만의 시사를 만든 데는 이러한 흐름이 분명 영향을 끼쳤다고 볼 수 있을 거야. 소실이나 기생 등 불우하고 천대 받던 여자들끼리 문학적으로 교류하며 마음을 달래고 싶었으니까. 단, 우리는 위항시인들처럼 양반들의 평가에 연연하지 않았어. 우리는 시를 통해 우의를 다지고 서로 격려했을 뿐이야.

그럼 이제 우리 '삼호정 시사'를 소개해야겠지? 죽서, 운초, 경산, 경춘, 그리고 나까지 다섯 명이 회원이었단다. 아니, 문학 모임이니까 동인이라고 부르는 게 더 낫겠네. 나는 장소도 제공했지만 전체 분위기를 주도하는 입장이었어. 내가 중심이 되어 형성된 모임이었거든.

우리는 모두 서녀로 태어난, 양반의 소실들이었어. 그리고 자식이 없었던 것도 공통 사항이었어. 그때는 기생 출신의 소실이 아들을 낳으면 노비가 되고 딸은 기생이 되는 게 관례라, 자식을 낳아 기른다 해도 괴로움이 더 클 테니 굳이 자식 낳기를 원치 않았지.

나는 『호동서락기』에 이들 네 명의 독특한 개성을 소개해두었어. 먼저 운초는 재화(才華), 즉 재주가 아주 뛰어난 사람이야. 나와는 기생 때부터 알고 지낸 사이인데, 가무와 시문에 뛰어나 명기 소리를 들었지. 게다가 성품도 아주 곱고 우아해. 1831년에 기생 생활을 그만두고 김이양의 소실이 되었어. 나와 가깝게 지내서 자주 찾아와 며칠씩 묵고 가기도 했어.

죽서는 지혜, 즉 영특하고 지혜로워서 하나를 들으면 열을 알 정도였어. 시재도 빼어나서, 열 살 때 창밖의 새를 보고 시를 지었다니 대단하지? 나와는 같은 고향 사람이기도 해. 서기보의 소실이었는데 몸이 약해 30대 초반에 요절하고 말았지. 『죽서시집』이라는 문집을 남기고 가서 그나마 위안이 된단다.

경산은 다문박식이야. 내가 기생할 때부터 어울리던 친구인데, 마침 이웃이기도 했어. 박학다식하고 시를 잘 읊었어. 경춘은 경사(경서(經書)와 사기(史記))의 지식이 깊었어. 물론 시도 잘 지었고. 아참, 경춘은 내

동생이기도 하단다.

우리는 틈만 나면 삼호정에 모여 시회를 열었어. 소실은 비교적 행동이 자유로워 다들 시간 여유가 있는 편이었거든. 우리는 삼호정의 경치를 감상하며 시를 짓곤 했어. 때로는 거문고를 뜯으며, 때로는 맛있는 음식을 먹으며 시에 젖어드는 그 기쁨은 말로 표현하기 힘들지. 그만큼 우리들의 우정도 날로 깊어갔어. 헤어져 있을 때도 서로 시를 통해 끈끈한 정을 나누었지.

언뜻 보면 우리들의 모임이 여유 있는 여자들의 평범한 친목회 같지만, 그건 당시 상황을 모르고 하는 소리야. 일단 조선시대에 여자들이 어떤 모임을 결성한다는 건 아주 드문 일이었어. 역사적으로 사례를 찾아보기 힘들 걸? 게다가 우리는 지배 계급인 양반층도 아니었고, 서녀와 기생, 소실이라는 배경에서도 알 수 있듯 사회적으로 약자층에 속해 있었어.

또 당시 여자들은 인간관계가 가족과 친인척의 범주를 벗어나기 어려웠는데, 우리는 가정의 울타리를 벗어나 뜻 맞는 지인들과 어울리며 교류했지. 그리고 우리를 묶어준 것은 길쌈이나 바느질 같은 가사활동이 아니라 문학 활동이었다고.

삼호정에서만큼은 우리는 서로가 서로를 시인으로 인정하였고 진심으로 소통할 수 있었어. 세상 누구도 우리를 시인으로 봐주지 않았고 아무도 우리 시를 읽어주지 않았지만 말이야.

그건 뒤집어 말해서, 그만큼 우리가 느끼는 소외감이 컸다는 얘기이고, 또 그만큼 인정받고 싶은 욕구가 강했다는 얘기야. 내가 『호동서락기』를 남긴 것도 그러한 절망감과 욕망의 산물이라고 볼 수 있어.

> 생각건대 지난 일 경관은
>
> 바로 눈 깜짝하는 한순간의 꿈일 뿐이니,
>
> 만약 문장을 써서 그것을 전하지 않는다면,
>
> 누가 오늘의 금원이 있었음을 알겠는가.

이 책에는 14세부터 34세까지의 나의 삶이 담겨 있어. 열네 살에 호서(호)의 4군에서 시작해 금강산(동)을 거쳐 서울까지 유람한 내용과, 남편 따라 용만(서)에서 보낸 2년, 용산(낙) 삼호정에서의 시작 활동 등 20년간 보고 듣고 체험한 것들을 상세히 기록해 두었지.

난 이 책을 1850년에 완성했어. 난 내 글을 후대에 남기고 싶어서 책으로 엮은 거야. 왜냐고? 문장을 자랑하고 싶어서 그랬느냐고? 물론 내 글에 자부심도 있었지만 그보다도 책을 통해 이 세상에 '나'라는 사람이 존재했음을 알리고 싶었어. 책이라도 남기지 않는다면 누가 19세기 조선 땅에 김금원이라는 사람이 살다 갔다는 걸 알겠어?

물론 조선시대에 여자가 생전에 자기 손으로 자기 문집을 내는 일은 아주 드물었으니, 나는 꽤 이례적인 경우에 속할 거야. 당시에 책을 써 낸 여성들이 나 말고도 있긴 있었어. 그들은 책을 냈다는 사실을 밝히고 싶지 않은 듯 퍽 조심스러워 하는 모습이었는데, 나는 나를 알리고 싶어 책을 냈다고 출간 의도를 솔직하게 밝혔으니, 그러고 보면 내가 자의식이 강한 편인가 봐?

다행히 내 책은 나중에 좋은 평가를 받았어. 당시 찾아보기 힘든, 여류 문인의 본격적인 기행문이라 문학사적 가치가 높은 데다 문학성도 뛰어나다는 거야. 또한 그 안에 실린 26수의 한시 역시 희귀한 여류 기행시라는군.

과거시험 소식에 치미는 울화

난 책을 엮어 시사 친구들에게 보여줬어. 친구들은 내 문장이 뛰어나다고 감탄하며 발문(跋文: 책의 끝에 간행 경위에 관한 사항, 본문 내용의 기본적인 흐름 등을 간략하게 적은 글)을 한 편씩 써줬지. 우리는 위항시인들이 하듯이 사대부 문인들의 발문을 받아 실을 수도 있었지만 그렇게 하지 않았어.

운초는 나더러 '금원은 여중호걸이다. 문장은 단지 그 나머지 일이니 오히려 월등한 재주와 세상을 뛰어넘는 지식을 알 수 있다'라고 했고, 죽서는 '특히 그 지기(志氣)가 높고 넓어 세상을 뛰어넘고 속세를 벗어난 기상이 있어 태산, 화산도 높고 험한 산이 되기에 부족하고, 강수, 한수도 길고 넓은 물이 되기에 부족하다. 시(詩)와 문(文)은 그 목소리와 말씀의 나머지인즉 어찌 금원을 알기에 충분하리오'라며 극찬을 했네.

난 그런 말을 들을수록 남자로 태어나지 못한 것이 더 한스러웠어. 단지 여자라는 이유만으로 이렇게 이름 없이, 존재 없이, 뜻 한 번 펼쳐 보지 못하고 살다 가야 된다는 것이 도저히 용납이 안 되었지.

내가 태어날 제

금수가 되지 않고 사람이 된 것은 다행스럽고,

남자가 되지 않고 여자가 된 것은 불행스러운 일이다.

나는 봄이 되어 과거시험이 치러진다는 소식이 들릴 때마다 마음속에서 불길이 일었어. 울화가 치미는 거야. 이러한 좌절감은 우리 시사 친구들, 아니, 당시에 재능 있던 여자들의 공통적 정서였다고 봐야 해.

그래서 나도 1851년 『죽서시집』 발문에, 다음 생애에는 함께 남자로 태어나 형제나 벗이 되어 서로 시를 짓고 노래하자는 글을 남겼지. 운초는 '나와 경춘 자매'를 『한서』(漢書)의 저자인 '반고와 반소 남매'에 비유하면서, 재질이 뛰어난 자매지만 여자인 탓에 이름도 없이 묻혀 버리고 말 거라며 안타까워하기도 했어.

그나마 시사를 통해, 지음(知音: 소리를 알아듣는다는 뜻으로 자기의 속마음을 알아주는 친구를 이르는 말)과의 교류를 통해 서로 이런 울적한 마음을 다스릴 수 있었지만, 모임은 아쉽게도 오래 가지 못했어. 죽서가 죽고, 나도 남편 따라 다른 곳으로 가게 되면서 자연스럽게 해체되었거든.

그러나 내가 이름도 없이 묻혀 버리고 말 거라던 운초의 예상은 어찌 보면 빗나간 거야. '기왕 여자로 태어났으니 집안 깊숙이 문을 닫아걸고 경법을 삼가 지키는 것이 옳은 것인가. 기왕 한미한 집안에 태어났으니 형편을 따라 분수껏 살다가 이름조차 없이 사라지는 것이 옳은가……' 라고 자문했듯이 나는 당당히 내 삶의 흔적을 남겼잖아.

아마 나는 조선 여자치고는 내 뜻대로 산 편이겠지? 물론 그것은 거저 얻어진 게 아니었어. 내가 말하고 싶은 것은 원하는 게 있다면 설령 그것이 허락되지 않는 거라 하더라도 열렬히 구하고 또 시도해야 한다는 거야. 노력한 만큼, 그만큼 더 가까이 다가서게 될 테니까 말이야.

> 반평생 돌이켜 보니
>
> 맑은 곳에서 놀고 기이한 곳에 자취 남김이 산수 간에 있어
>
> 기괴한 곳을 탐색하여 이름난 곳 거의 다 살폈으니
>
> 남자들이 하기 어려운 일을 능히 했다고 여겨진다.
>
> 그러니 내 분수에도 족하고
>
> 소원 역시 보상되었다고 할 것이다.

내가 보기에도, 그 시대에 남자도 쉽게 할 수 없는 것을 해낸 나는 운초의 말마따나 '여자 중의 영웅호걸'인지 몰라!

금녀의 영역에 도전한 최초의 여성 명창
진채선

1847년 전북 고창에서 출생했다. 우리나라 최초의 여성 소리꾼이자 나라에서 인정한 국창이다. 판소리계의 거물 신재효로부터 판소리를 배웠다. 경복궁 중건을 기념하는 낙성연에서 대원군으로부터 호평 받고 운현궁에서 6년간 대령(待令)기생(대령이란 왕명을 기다린다는 뜻으로 궁에 머물며 임금의 잔치연 등에 참여하는 기생)으로 활동했다. 소리가 웅장하고 기량이 대단해 여성 명창들이 배출되는 계기를 마련하였다. 재능과 노력, 그리고 신재효의 후원에 힘입어 판소리계의 역사를 새로 쓴 인물이다.

남장하고 부르는 노래

요순갓튼 우리임군 경복궁에 계옵시니

강구연월 우리창생 화봉삼축 하옵기을

남산갓치 수을하사 무너지지 마옵쇼셔

닛물갓치 복이흘너 끊어지지 마옵쇼셔

헌원씨 본을바더 이십사남 두옵쇼셔

남산북악 노픈봉의 봉황울고 기린논다.

도대체 무슨 소리인지 모르겠다고? 이래 뵈도 노래 가사인 걸? 랩으로 부르면 운율이 딱딱 맞겠다고? 글쎄, 한번 시도해 봐도 나쁘지 않겠군.

이건 바로 〈방아타령〉의 한 구절이야. 아, 보통 알고 있는 민요 〈방아타령〉이 아니라 스승인 신재효 선생이 오늘의 이 자리, 그러니까 대원군 앞에서의 공연을 위해 특별히 만든 노래지.

난 〈방아타령〉을 끝내고 심호흡을 했어. 무대에 서기 전에는 많이 떨렸는데 막상 소리를 시작하니까 절로 몰입이 되었나 봐. 소리를 하는 동안에는 긴장을 전혀 못 느꼈지.

반응이 궁금하기도 하고 잠시 숨도 고를 겸 사람들의 표정을 살짝 보니, 모두들 소리에 취해 있는 모습이더군. 장내는 물을 끼얹은 듯 조용했지. 나보다 먼저 공연을 끝낸 명창들도 완전히 놀란 눈치였어. 특히 '귀 명창'으로 소문난 대원군은 뭔가에 홀린 듯 내 얼굴을 뚫어져라 쳐다보고 있었고.

나만의 착각이 아니냐고? 글쎄, 내 얘기를 좀 더 들어봐. 나는 〈방아타령〉에 이어 미리 준비해 간 〈명당축원가〉, 〈성조가〉, 〈춘향가〉 등 몇 곡을 더 불렀어.

내가 노래를 다 끝내고 절을 올리자 여기저기서 우레와 같은 박수가 터져 나왔어. 반응이 정말 폭발적이었어. 앞서 명창들이 공연했을 때에 비해 박수 소리가 훨씬 우렁차고 오래 갔으니까 말이야. 요즘 같으면 앙코르 요청이 마구 쏟아질 분위기였지. 사실 이 자리에 선 것만도 감지덕지할 일인데 이런 열렬한 반응을 보니 감격스럽기도 하고 그동안 겪었던 고생들이 생각나서 눈물이 찔끔 나올 뻔했지 뭐야?

일단 감정을 수습하고 분위기를 보니까 대원군이 내 소리를 아주 마음에 들어 한 것 같았어. 대원군은 소리에 일가견이 있어서 유명한 소리꾼들은 한 번쯤 대원군 앞에서 공연할 기회가 있었지. 그런데 생전 듣도 보도 못한 젊은이가 나타나 소리로 무대를 압도하니 이게 어인 일인가 싶었을 거야.

그런데 내가 여자라는 사실을 알면 다들 까무러칠 게 분명한데, 이를 어쩌나 싶었어. 다들 나를 얼굴 곱상한 청년으로 봤을 게 분명하니 말이야. 사실 스물한 살의 꽃다운 아가씨로서 남자 옷을 입고 있는 게 나도 내키지는 않았지만 여자라는 것을 밝히면 안 되는 절박한 사정이 있었지.

그 사정이란 것이 뭐냐면, 여자에게 있어 판소리는 올라갈 수 없는 나무였다는 거야. 아니, 쳐다봐서도 안 되는 나무였지. 말하자면, '여자는 판소리를 할 수도 없고 해서도 안 된다'는 생각이 고정관념처럼 사람들 머릿속에 자리 잡고 있었다는 말이야. 왜냐하면 판소리라는 장르가 워낙 까다롭고 어렵기 때문에 여자들은 그 근처에도 갈 수 없다고 여겼거든. 판소리는 전적으로 남자들만의 것이었어.

물론 여자라고 해서 노래를 하지 말란 법은 없었어. 특히 기생이나 사당패, 무당 같은 사람들은 일 자체가 노래와 관련이 있어서 늘 노래를 불러야 했지. 하지만 이들이 부를 수 있는 노래들은 주로 시조나 가곡, 가사 등이었고 판소리나 잡가(속요) 같은 것은 부르지 못하도록 아예 금지되어 있었어. 나중에 잡가가 널리 유행하면서 기생들도 잡가를 부르긴 했는데 그래도 판소리를 하는 경우는 없었지. 혹시라도 소리에 재주가 있는 기생이 판소리 비슷한 흉내라도 내면 당장 '주제 파악 못하는 계집'으로 몰려 비난을 받았어. 그만큼 여자가 판소리를 한다는 것은 사회적으로 매장될 각오를 하지 않으면 안 되는, 엄청난 모험이었다는 얘기야.

자! 하지만 세상에 비밀은 없는 법!

내가 남장을 한 여자라는 사실이 드러나자 대원군을 비롯해서 모두들 큰 충격을 받았지. 마치, 천지개벽이라도 일어난 것처럼 놀라더군. 혼자 보기 아까울 정도였어. 카메라가 있었다면 현장에서 그 표정들을 찍어 바로 공유했을 텐데!

하긴 그럴 만도 했지. 사람들은 지금까지 여자가 판소리를 하는 모습을 한 번도 본 적이 없었고, 그런 소문도 들어본 적이 없었을 테니 말이야. 그런 세상인데, 내가, 그것도 궁궐 안에서, 그런 케케묵은 고정관념을 보기 좋게 깨주었으니, 여자는 판소리를 할 수 없고, 해서도 안 된다는 불문율도 같이 깨져버렸지 뭐야?

내가 누군지 궁금하지 않아? 나는 바로 우리나라 최초의 여성 명창 진채선이야.

스승님의 도박, 대성공을 거두다

그럼 내가 섰던 무대는 대체 어디냐고? 신인가수를 뽑는 오디션 현장도, 인기 순위를 정하는 가요 프로그램 녹화장도 아니었어. 바로 경복궁이었단다.

때는 1869년, 경복궁 중건을 기념하는 낙성연 자리였어. 왕실에선 사실 여러모로 의미 있는 날이었지. 대원군은 어린 고종을 대신해 섭정을 하고 있었는데, 경복궁의 중건을 가까스로 마무리 짓고 이를 기념해 성대한 잔치를 열었거든. 경복궁이 임진왜란 때 불타버려 다시 지은 거야.

대원군은 당대의 풍류남아(風流男兒: 풍치가 있고 멋스러운 남자)로 꼽힐 만큼 멋과 흥을 아는 사람이었어. 예술 애호가로 소문난 그는 잔치 자리에 전국의 이름난 명창들을 초대했어. 또, 고생한 백성들을 위로하고 잔치의 흥을 돋우기 위해 놀이패들도 불러 모았고 말이야.

사실 3년의 공사 기간 동안 서울, 특히 경복궁 주변은 노래 소리로 늘 시끌벅적했어. 무동(舞童)패, 농악대, 사당패 등이 잡가와 타령들을 불러대면 백성들은 장단을 맞추고 가락을 들으며 잠시 힘겨운 노동에서 벗어나곤 했지.

아무튼 전국의 명창들이 총출동한 그런 자리에 어떻게 나 같은 무명의 소리꾼이 설 수 있었을까? 아무리 실력이 뛰어나다 해도 신인에게 그런 기회는 쉽게 오지 않거든. 단번에 주목받을 수 있는 무대에 서는 거니, 말 그대로 천재일우(千載一遇)의 기회 아니겠어?

이제 스승인 신재효 선생에 대해 슬슬 풀어놓을 때가 된 것 같네. 사실 오늘의 내가 있기까지는 판소리계의 실력자인 스승님의 후원이 절대적이었어.

스승님은 '소리의 고장' 전북 고창의 대표로 제자 중에서 나를 보내 대원군과 대중 앞에 선보였던 거야. 물론 내 기량이 그런 자리에서도 남에게 전혀 뒤지지 않을 정도가 되었기에 가능한 일이었지.

어떤 노래를 부를 건지도 스승님이 결정했어. 오늘 내가 부른 〈방아타령〉이나 "경복궁 주혈명당 천천세지 기업이요"라 노래하는 〈명당축원가〉 등은 모두 스승님이 대원군을 위해 직접 지은 곡들이었어. 경복궁과 왕실을 찬양하는 내용이지.

나는 스승님의 지시에 따라 소리 선생이던 김세종 선생과 함께 서울로 왔고, 뼈를 깎듯 맹연습했던 노래들을 담담하게 불렀지. 말하자면 그날 나의 무대는 스승님이 혼자 기획하고 연출한 거나 마찬가지야. 그리고 그날의 하이라이트가 되었어. 여자가 소리하는 것은 상상도 못하던 때인데, 그래도 실력이 탁월하면 인정받을 거라 믿고 남장을 시켜 공연시켰으니, 스승님의 배포가 참 대단하지?

스승님의 도박은 대성공을 거두었고, 이날 공연을 계기로 스승님은 대원군과 각별한 사이가 되었어. 그런데 말이야, 아무도 예상 못한 사태가 벌어지고 말았어. 대원군이 내가 몹시 마음에 들었던지 고향에 못 내려가게 한 거야. 국왕이나 다름없는 대원군의 명령이니 거역한다는 것은 감히 생각도 못할 일이었고, 난 대원군이 권좌에서 물러날 때까지 서울에서 6년간 머물며 대령기생(待令妓生)으로 활동했어.

당시 대원군의 거처 운현궁에는 대령기생, 대령가인, 대령악사들이 머물면서 수시로 연주를 하고 공연을 했어. 권력을 쥐고 있던 대원군이 운현궁에서 국정을 처리하고 행사와 의식들을 거행하자 공연을 펼칠 연주자들이 대기할 필요가 있었거든.

판소리를 즐기는 대원군은 자타가 공인하는 '귀 명창'이었어. 귀 명창이란, 직접 소리는 못하지만 소리를 감상도 할 줄 알고, 평도 잘하는 사람을 말해. '소리 명창' 못지않게 소리에 대해 잘 안다 해서 명창 대접을 해주는 거야.

대원군은 내가 목청을 뽑아 음을 엮어내는 솜씨가 기가 막힌다면서,

진정으로 나와 내 소리를 아꼈어. 하지만 내가 그렇게 재주가 빼어나다는 평가를 받았으면서도 고작 대령기생으로 활동했다는 것은 무엇을 뜻할까? 여성 예인들의 사회적 지위가 그만큼 낮았다는 의미야. 같은 예인이라 해도 남자 명창들은 임금 앞에서 소리 공연을 하면 명예직일 망정 벼슬 한 자리씩 내려지곤 했거든. 참으로 씁쓸한 일이지.

졸지에 운현궁에 머무르게 된 나는 얼떨떨했지만 차츰 궁궐 생활에 적응해갔어. 하지만 고향 생각에 눈물을 흘리곤 했어. 무엇보다도 이제나저제나 내가 돌아오기만을 기다리고 있을 스승님 생각에 하루도 마음이 편치 않았지.

사실 스승님과 나는 사제 관계이기도 했지만, 서로 좋아하는 사이였거든. 나이 차이가 아주 많이 났지만 그런 건 전혀 문제되지 않았어. 스승님은 아끼는 제자를 데뷔시키려다 당대 최고의 권력자 대원군과 연적이 되어버린 셈이야.

그러던 어느 날, 운현궁에 들어간 지 3년 만에 고향 근처에 내려갈 기회가 생겼어. 고창 근처 관아(官衙: 벼슬아치들이 모여 나랏일을 처리하던 곳)에서 공연할 일이 있었거든. 그때 스승님이 내가 소리하는 모습을 보고 지은 '도리화가(桃李花歌)'에는 나를 향한 애틋한 마음이 구구절절 담겨 있단다.

스물네 번 바람 불어 만화방창 봄이 되니

구경가세 구경가세 도리화 구경가세

꽃 가운데 꽃이 피니 그 꽃이 무슨 꽃인고

웃음 웃고 말을 하니 용궁 속의 해어화인가

낙포에 놀다가고 군산의 술을 빚어

도세장연(度世長延) 기이한 일 신선 선자 그 아닌가

채색하고 옷을 하고 신선되어 우화(羽化)하니

아름다운 이름 뜻이 생각하니 더욱 좋다

뜰 가운데 저 풀들아 뽑힌다고 한탄 마라

옥 같은 고운 손이 네게 미치기 때문이라

무정세월 한탄마소 인간공도(人間空道) 어이하리

바람이 스물네 번 불었다는 대목에서 그때 내 나이가 스물네 살이었다는 것을 알 수 있지? 그때 스승님이 쉰아홉이셨으니, 나이 차가 무려 삼십오 년이나 되었어.

사실 이렇게 부녀지간처럼 차이가 나는 데다 사제지간이다 보니 나는 스승님의 말에 무조건 복종했어. 만약 내가 도중에 혹시 다른 생각이 들었다 해도 독자적으로 내 길을 가겠다고 주장하기 힘들었을 거야. 또 내가 명창으로 이름을 날리게 되기까지 스승님의 영향력이 절대적이었던 것도 사실이야.

그럼 이쯤에서 내가 스승님의 꼭두각시 같은 존재가 아니었느냐고 묻고 싶을지 몰라. 스승님에게 발탁되어 대원군의 눈에 들어 서울에 머물게 되기까지 그 일련의 과정에서 내가 주체적으로 행동하고 내 의지를 발휘한 적이 있긴 있었느냐고 말이야.

맞아, 지금까지의 일들을 보면 내가 수동적인 여자로 생각될 거야. 전형적인 '조선 여인' 같은 여자 말이야. 그러나 이 한 가지는 기억해 줬으면 해.

내가 '아무도 가지 않은 길을 갔다'는 사실 말이야. 그래서 최초의 여자 명창이 되어 한국 판소리의 역사를 새로 썼다는 사실 말이야. 물론 스승님의 전폭적인 지원이 없었다면 불가능했을 거야. 신재효라는 스승이 없었다면 명창 진채선도 존재할 수 없었다는 거지. 그러나 내가 나의 갈 길을 잘 알고, 스승님을 믿고 혹독한 수련의 과정을 이겨냈기에 후대에 이름을 남길 수 있었다는 것을 잊지 말아 줘.

폭포에 던져 넣은 콩 서 말

그럼 내가 이런 스승님과 맨 처음 언제, 어디서, 어떻게 알게 된 건지 궁금하지? 그건 운명적인 만남이었어. 아니, 그 전에 내 어린 시절의 이야기부터 시작하는 게 낫겠네.

난 1847년쯤에 전라북도 고창군 심원면 검당포의 어느 한적한 어촌에서 태어났어. 1847년쯤이라고 애매하게 표현한 데는 다 이유가 있단다. 내가 언제 태어나고 언제 죽었는지에 대한 기록이 남아 있지 않거든. 그나마 다행스럽게도 스승님이 한 가지 힌트를 남겨 주셨지. 〈도리화가〉 끝에 나오는 '경오년(1870년) 칠월칠석'이라는 기록을 근거로 24년을 거꾸로 계산해서 1847년에 태어났다고 보거든.

나는 어려서부터 굿판에서 놀았어. 엄마가 무당이라 굿판이 놀이터나 마찬가지였지. 나는 굿판에서 들려오는 노랫가락에 늘 익숙했어. 게다가 엄마가 소리를 좋아해서 소리 선생을 찾아다녔는데 나는 엄마를 따라다니며 옆에서 귀동냥으로 배웠어. 내가 그쪽 방면에는 재주를 타고 났던지 어른들로부터 노래 잘 부른다는 칭찬을 많이 들었던 기억이 나.

어느덧 세월이 흘러 처녀티가 나자 나는 진로를 정해야 했어. 엄마가 무당이면 딸도 무당이 되는 것이 보통이었지만, 난 노래를 제법 잘하고 인물도 좋은 편이었기에 고창 관아의 기생이 되었어.

그리고 관기 생활을 하던 어느 날 판소리계의 거물을 만나면서 운명이 바뀌게 된 거야. 여자가 판소리를 하는 것은 상상조차 할 수 없던 시대에 스승님이 나를 제자로 삼아준 것 자체가 상당히 파격적인 일이었어.

나는 소리 공부에 뜻을 세우고 관기 신분에서 벗어나 스승님 문하에 들어갔지. 나도 아예 다른 사람들처럼 스승님 집에 들어가 살면서 본격적으로 공부했어.

스승님은 내게 가능성이 있다고 봤던지 당대의 명창 김세종 선생으로부터 실기 지도를 받게 해줬어. 김세종 선생은 기량이 뛰어나고 이론에도 밝아 '후기 8명창'의 하나로 꼽히는 사람이야.

아무리 뜻을 굳게 세웠다 해도 험한 소리 공부의 길에 들어선 이상 어려운 점이 한두 가지가 아니었어. 여자가 '감히' 판소리를 공부하겠다고 나선 것만으로도 남들 입방아에 오르내릴 일이라, 남들에게 책잡히지 않으려고 행동거지에도 특히 신경을 썼어.

특히 스승님이 나에게 많은 관심을 보였기 때문에 더욱 조심스러웠어. 문하생들끼리 암암리에 경쟁이 있었기에 나를 보는 시선들이 곱지 않았지. 이런저런 편견과 선입견, 억측들을 잠재우기 위해서는 실력, 오로지 실력으로 맞서는 수밖에 없었어.

사실 실력이라는 것은 하루아침에 생겨나는 게 아니더군. 훌륭한 소리꾼이 되기 위해서는 눈물겨운 수련 과정을 거쳐야 했으니까 말이야. 그 과정을 거쳤다는 것 자체가 일단 대단한 거라니깐!

오죽하면 '콩 서 말이라야 득음한다'는 말이 생겼겠어? 소리꾼들이 소리 공부하면서 6시간짜리 한 마당을 다 부르고 나면 콩 한 알을 폭포에 던져 넣는데, 그렇게 넣은 콩이 서 말이 되어야 득음을 한다는 거야. 그 정도면 수도자의 고행 못지않지? 진정한 소리를 얻기 위한 소리꾼들의 노력은 그만큼 눈물겨운 것이었다고.

그럼 득음의 경지에 이른다는 것은 어떤 것일까? '완성된 음'을 얻었다는 것이니, 목소리를 자유자재로 구사해서 모든 소리를 자연에 가깝게 묘사할 수 있게 된다는 뜻이야. 폭포성, 쇠옥성, 애원성, 귀곡성, 호령성 등 어떤 소리든 마음대로 뽑아낼 수 있어야 명창 소리를 들을 수 있어.

혹시 소리꾼들이 득음을 위해 폭포나 토굴에서 수련했다는 이야기들어봤니? 정말 그랬어. 이를 '독공(獨功)'이라고 하는데, 판소리 특유의 발성 수련법이란다. 폭포 앞에서는 폭포 소리보다 더 크고 우렁찬 소리가 나오도록 성량을 키우지. 토굴 속에서는 바깥의 음이 완전히 차단되니까 토굴 안에서 울려나오는 반사음으로 창법을 교정하고 말이야.

산속에 들어가 이렇게 성대를 혹사시켜가며 몇 년씩 수련하다 보면 목구멍으로 피를 쏟는다거나 온몸이 퉁퉁 붓는 등 온갖 부작용을 겪게 돼. 이를 치료하기 위한 비법이 인분(똥)을 먹는 거였는데, 생각만 해도 끔찍하지? 하지만 어떤 명창들은 실제로 그렇게 하기도 했어. 그만큼 자신의 소리를 만든다는 것은 그야말로 뼈를 깎는 고통과 인내가 필요한 일이었어. 그렇기에 수많은 사람들이 중간에 포기했고, 수련을 잘못해서 목소리를 아예 잃어버리기도 했지.

어쨌든 독공으로 득음한 명창들의 소리는 음량이나 음역, 성역, 음성 지속시간 등에서 매우 뛰어난 게 사실이야. 1980년대에는 실험을 통해 과학적으로 입증되기도 했어. 소리꾼들의 독공창(獨功唱)은 지금도 행해지고 있단다.

판소리를 배우는 과정이 이렇게 힘들다 보니까 여자들이 할 엄두를 내지 못했을 것이고, 또한 여자들이 뛰어들 분야가 아닌 것으로 여겨진 것 같아. 나는 어떻게 했느냐고? 그야 물론 성별의 금기를 깬 첫 케이스였으니까 남몰래, 이를 악물고, 더 열심히 수련했지!

과연, 노력한 만큼 보답이 있었어. 결국 스승님이 내 소리에 합격점을 주셨거든. 스승님의 기대에 어긋나지 않아서 얼마나 다행이었는지 몰

라. 덕분에 그 깐깐한 대원군의 마음에도 쏙 들 수 있었던 거고.

이쯤에서 내 자랑을 좀 해도 되겠지? 사람마다 개인기가 있기 마련인데 명창들도 마찬가지였어. 특히 잘 부르는 노래가 있거든. 나는 〈춘향가〉와 〈심청가〉가 장기였어. 소리 선생인 김세종 선생이 〈춘향가〉를 잘 부르기로 유명했는데 그 영향을 받았을 거야.

그리고 나는 나만의 독특한 것을 개발하기로 하고 〈춘향가〉 중에서 '기생점고' 대목의 더늠을 내 스타일대로 만들어 불렀어. '더늠'이 무엇이냐고? '더 넣음'에서 나온 말인데 사설(판소리에서 창을 하는 중간 중간에 가락을 붙이지 않고 이야기하듯 엮어 나가는 방법, 아니리라고도 함)을 조금 바꾸거나 즉흥적으로 만들어 부르는 것을 말해. 나뿐만이 아니라 명창들은 각자 자기만의 더늠을 만들어서 레퍼토리로 삼곤 했어. 더늠이 사람마다 다르니까 똑같은 〈춘향가〉라 해도 소리꾼에 따라 조금씩 차별화가 이루어지곤 했지.

신재효 판소리 아카데미

이렇게 내가 명창으로 이름을 날리게 된 것은 전적으로 스승님 덕분이야. 사실 스승님은 판소리계의 실력자라고 할 수 있는 분이야. 그분의 영향력이 얼마나 절대적이었는지, 그분을 빼놓고는 우리나라의 판소리 역사를 이야기할 수 없을 정도란다.

스승님이 가르치고 후원한 제자는 나뿐만이 아니었어. 스승님 집에 있던 열네 칸의 행랑은 판소리 하는 사람들로 늘 붐볐지. 소리 좀 한다는 사람치고 스승님의 도움을 받지 않은 사람이 없을 걸? 서편제(조선 후기의 명창 박유전(朴裕全)의 법제를 이어받은 판소리의 한 유파. 섬진강 서쪽, 곧 보성·광주·나주 등지에서 성하였는데 음색이 곱고 애절하다)의 이날치, 김수영, 정창업과 동편제(조선 영조 때의 명창 송흥록의 법제를 이어받은 판소리의 한 유파. 호남의 동쪽인 운봉·구례·순창·흥덕 등지에서 발달하였으며 웅건하고 그윽한 우조(羽調)를 바탕으로 한다)의 박만순, 김세종, 전해종, 김창록 등 당대의 명창들이 모두 스승님의 문하를 거쳐 갔고, '신재효 문하에서 끄슬려갖고 나와야 어전(御前) 명창이 된다'는 말이 있을 정도였으니까 말이야. 스승님의 집은 한마디로 '판소리 아카데미' 같은 곳이었어.

그때가 판소리의 전성기였지. 무가(巫歌)에서 비롯된 판소리는 18세기에 하나의 장르로 자리 잡기 시작했고, 19세기 들어 대표적인 대중예술의 하나가 되었어. 특히 서민들이 아주 좋아했어. 하지만 '천한' 백성들이나 즐기는 천박한 소리로 취급되기도 했어. 왜냐고? 판소리를 들어본 사람은 알겠지만, 표현이 좀 직설적이고 적나라하거든. 요즘 유행하는 대중가요들의 가사를 떠올려 봐도 알 수 있을 거야.

하지만 대원군을 비롯해 판소리의 매력에 푹 빠진 양반들이 점점 늘기 시작했어. 그러다 보니 나중에는 양반들의 잔치에도 으레 판소리 공연이 빠지지 않았지.

그럼 판소리를 하는 광대는 어떤 사람이어야 했을까? 아무나 할 수 있었을까? 아니야! 스승님이 지은 〈광대가〉를 들어보면 광대가 갖춰야 할 네 가지 조건이 나와. 그 네 가지란 '인물치레, 사설치레, 득음, 그리고 너름새(연기)'란다. 말하자면 판소리는 '입담과 노래에 외모와 연기가 어우러지는 종합예술'이므로 광대는 만능 재주꾼이 되어야 한다는 거야. 내가 스승님의 문하생이 될 수 있었던 것도 비록 여자이긴 해도 이 조건에 모두 맞아떨어졌기에 가능했던 거고. 이렇듯 여자에게도 문호를 개방해 최초의 여자 명창을 탄생시킨 스승님이야말로 판소리계의 이정표를 새로 쓴 분이야.

사실 스승님의 업적은 이것만이 아니야. 스승님은 마흔 살 무렵에 판소리 연구에 뛰어들었는데, 판소리 이론을 정립하고 판소리의 다양화를 시도하고 입으로 전해지던 사설들을 다시 써서 정리했어. 한마디로, 천대 받던 광대소리를 음악과 문학이 접목된 종합예술로 한 차원 끌어올렸다는 평가를 받고 있지. 물론 스승님의 손을 거치면서 판소리 고유의 서민적인 맛이 줄어들었다는 비판의 소리도 있긴 해. 하지만 판소리 전승에 기여한 그 공로만큼은 인정받아야 해.

그런데 스승님이 왜 이렇게 판소리에 '올인'했던 것인지 궁금하지 않니? 일차적으로는 고향이 전북 고창이어서 그랬을 거야. 고창은 앞에서도 말했지만 '소리의 고장'으로 불리는 곳이야. 이름만 대면 알만한 명창들이 대개 고창 출신이지.

또 스승님은 중인 신분이었어. 양반이 아니라 관직에 나가기 어렵다는 것을 알고는 일찍부터 재산을 모으는 데 전념했단다. 관약방(官藥房: 현재의 약국)을 해서 재산을 모은 아버지의 뒤를 이어 구두쇠 같은 근검절약으로 40대 초반에 이미 매년 곡식 천 석(현재가치로 약 2억 7000만 원)을 추수하는 재력가가 되었을 정도니 말이야. 그렇다고 해서 돈에 인색하지 않았고 도량도 넓었어.

어느 날 집에 도둑이 들었는데 스승님이 돈 백 냥(현재가치로 약 338만 원)을 내주며 바르게 살라고 타일러 보낸 거야. 나중에 그 도둑이 찾아와 잘못을 뉘우치며 원금과 이자를 내놓았는데 이를 받지 않고 오히려 칭찬하여 돌려보냈다는 이야기도 있는 걸? 그뿐이 아니야. 1876년 큰 가뭄으로 흉년이 들었을 때는 백성들을 위해 돈과 곡식을 내놓기도 했고, 경복궁 중건 사업에는 원납전(기부금)으로 오백 냥(현재가치로 약 1688만 원)이란 큰돈을 내놓기도 했지. 평생 판소리에 쏟아 부은 재산도 엄청나고 말이야.

이재민을 돕고 경복궁 중건 사업에 거금을 쾌척한 공로로 스승님에겐 명예직 정3품 통정대부 벼슬이 내려졌어. 스승님은 어려서부터 신동 소리를 들었다는데, 그런 명예직 벼슬로라도 신분에 대한 한을 풀었을까? 스승님 집의 문간에는 덩굴진 나무가 있었는데, 양반이라도 고개를 숙여야 들어올 수 있도록 일부러 그렇게 해놓은 거라는 말들이 있었지.

스승님이 판소리에 관심을 갖게 된 계기는 나도 정확히는 몰라. 아마도 재력 있는 중인이다 보니 관아의 잔치에 참석할 일이 꽤 있었을 거야. 그런 자리에서 소리 광대들을 접하게 되면서부터가 아니었나 싶어.

사실 스승님은 평생 경제적으로는 유복했지만 불행한 일들도 꽤 있었어. 상처(喪妻: 아내가 먼저 죽음)의 경험이 여러 번 있거든. 아마도 판소리가 스승님에게는 일종의 정신적 해방구 같은 게 아니었을까?

방출된 궁녀, 쓸쓸한 말년

자, 다시 내 이야기로 돌아올까? 대원군이 권좌에서 쫓겨난 후의 이야기가 되겠군. 나도 당연히 궁에서 나오게 되었어. 비슷한 처지이던 다른 대령기생들과 함께 나왔는데, 모두 일단은 방출된 궁녀의 신분이었어. 방출된 궁녀의 앞날은? 한마디로, 암흑이야 암흑. 『경국대전』에는 방출 궁녀를 아내로 삼거나 간음한 자에겐 곤장 100대를 내린다고 되어 있었어. 그러니 시집을 가거나, 첩이 되거나 하는 길은 원천 봉쇄된 거나 마찬가지였지. 궁녀는 엄연히 임금의 여자였고, 그때는 일부종사(一夫從事: 한 남편만을 섬김)가 철칙이었으니까.

궁에서 나온 후의 내 행적에 대해 궁금해 하는 사람들이 참 많았어. 이런저런 뜬소문들이 나돌았지. 고향으로 돌아와 다시 스승님 곁으로 갔다고도 하고, 스승님과 서로 인사만 나누고 그냥 헤어졌다는 이야기도 있더군. 아참, 고향에 내려오긴 했는데 다른 명창 누군가와 살았다는 이야기도 들어봤어. 1884년에 스승님이 세상을 뜬 후엔 내가 삼년상을 치르고, 어느 절에서 비구니로 생을 마쳤다거나, 홀연히 종적을 감췄다는 등 영화 같은 이야기들이 끊임없이 생겨났지.

이렇게 소문이 무성했다는 건 그만큼 최초의 여자 소리꾼에 대한 사람들의 기대와 환상이 컸다는 의미일 거야. 하지만 내가 어디에서 어떻게 살다 죽었는지는 밝히고 싶지 않아. 신비주의 전략 같은 것은 아니야. 그냥 예인의 꼿꼿한 자존심 때문이라고 이해해줬으면 좋겠어.

그래도 명색이 한 시대를 풍미한 가객인데 어쨌든 말년은 쓸쓸하더군. 광대의 소리에는 박수를 보내도 광대는 천대하던 세상이었지.

그래도 내가 새로운 길을 열었다는 것에는 큰 자부심을 느껴. 그 뒤로 판소리계의 판도가 점차 바뀌기 시작했거든. 내 뒤를 이어 허금파, 강소춘 등 여자 소리꾼들이 나와 그 어려운 소리 공부를 거뜬히 해내고 당당히 명창으로 인정받기 시작했으니 말이야.

그뿐인가? 오늘날에는 성비가 완전히 역전되어 여자 명창이 더 많이 배출되고 있잖아. 남자 소리꾼이 드물어 오죽하면 남자 명창의 계보가 끊기겠다는 탄식이 나오겠어? 그것도 큰일은 큰일이지. 어느 분야든 이처럼 한쪽 성에 쏠리는 현상은 바람직하지 않아. 물론 그보다 더 최악의 것은 한쪽 성의 진입이 아예 막혀있는 것이겠지만.

내가 금녀의 영역이던 판소리 분야에 여자가 진출할 수 있도록 물꼬를 틔운 것은 맞지만, 그건 스승님의 적극적인 후원이 없었다면 불가능했을 일이야. 그러니 자신의 잠재력과 성취동기를 일깨워줄 사람, 즉 멘토를 잘 만나는 건 아주 중요해. 물론 멘토만 믿고 있으면 안 된다는 건 상식이겠지?

바우덕이

실력 하나로 남사당패 거느린 최초의 여성 꼭두쇠

1848년 경기도 안성에서 소작농의 딸로 태어났다. 본명은 김암덕(金岩德)이다. 뛰어난 기량과 인기에 힘입어 15세에 안성 남사당패의 꼭두쇠가 되었으며 서울에 초청되어 대원군으로부터 옥관자(玉貫子: 옥으로 만든 망건 관자)를 하사받았다. 빼어난 미모와 가무 실력, 특히 신기에 가까운 줄타기 재주로 명성을 얻었으나 23세에 폐병으로 요절하였다. 천대받던 남사당놀이를 대중공연문화로 승화시켜 우리나라 대중문화·대중연예의 기틀을 이룬 인물로 꼽힌다.

꼭두쇠 선거의 이변

올해는 1862년! 나도 이제 열다섯 살이야. 이곳 경기도 안성의 청룡사 주변은 어느덧 봄기운이 완연해. 농민들은 이제 슬슬 한 해 농사를 준비하기 시작할 것이고 이곳 청룡사 불당골에 모인 우리 남사당(男寺黨)패들도 이제 겨울잠에서 깨어나 기지개를 켤 참이지.

남사당패가 누구냐고? 한마디로 유랑 연예집단이라고나 할까? 거리를 떠돌며 공연을 펼치는 예인들이라고 보면 돼. 일정한 거처가 없다 보니 전국의 장터와 마을들을 전전하지. 이름에서도 알 수 있듯이 보통 남자들로 구성되어 있단다.

우리 같은 사람들에겐 겨울이 가장 힘든 계절이야. 추위 때문에 공연이 중단되니까 수입이 완전히 끊기거든. 그렇다고 겨울잠을 잘 수도 없잖아. 그래서 해마다 겨울이 되면 전국에서 1만여 명의 남사당패가 이곳 불당골로 모여든단다. 농민들이 농한기에도 쉬지 않고 다음 농사를 준비하듯이, 우리도 기예를 다듬고 신참들을 수련시키며 재충전의 시간을 갖는 거야.

내가 소속된 남사당패도 겨울 내내 쉬었더니 모두들 몸이 근질근질하여 이제 슬슬 활동을 개시할 판인데, 한 가지 중요한 일이 남아 있었어. 우리 패를 이끌던 '꼭두쇠' 윤치덕이 죽는 바람에 후임자를 새로 뽑아야 했어. 꼭두쇠를 뽑는 것은 다수결로 이루어지는데, 대표를 선출하는 것이 이렇게 민주적인 절차로 진행되었으니 시대에 비해 상당히 앞서간 셈이지?

꼭두쇠 선출은, 꼭두쇠가 어떤 인물이냐에 따라 공연 내용과 수입이 달라지기 때문에 이만저만 중요한 일이 아니야. 모두들 앞마당에 삼삼 오오 모여 앉아 두런거리고 있는데, 우리 패거리의 2인자 '곰뱅이쇠'가 앞으로 나섰어.

"자, 모두들, 누구를 뽑아야 될 것인지 마음속으로 결정들 했는가? 적당한 사람 있으면 추천들 해보소."

한 사람이 기다렸다는 듯 번쩍 손을 들었어.

"바우덕이요! 바우덕이! 나이 어린 계집애지만 보통내기가 아니니 꼭두쇠를 시켜 놓으면 누구보다 잘할 것이오."

"그건 그렇소! 고것 때문에 우리가 여태 먹고 산 것 아니오."

"아무리 그래도 그렇지, 어떻게 여자가 꼭두쇠를 하나?"

"모르는 소리 마시오. 판을 벌일 때마다 사람들이 바우덕이만 쳐다 보는 것 못 봤소? 바우덕이가 빠진 날은 맨 허탕이었잖소. 아예 앞장을 세우면 벌이가 지금보다 훨씬 더 괜찮을 것이구먼."

"맞소! 맞소!"

"나도 바우덕이요!"

모두가 이구동성으로 바우덕이를 외쳐댔고, 어린 여자라서 반대한다는 목소리는 어느새 묻혀버렸어. 그 바우덕이라는 사람이 대체 누구냐고? 바로 나야, 나.

당황한 나는 어쩔 줄 몰라 구석자리에 앉아 고개만 푹 숙이고 있었어. 단원들은 내 의견은 물어보지도 않고 만장일치로 결정해버렸어. 열다섯 살 소녀가 그들의 우두머리가 된 거야. 사람들은 내가 안성 남사당 역사 최초의 여자 꼭두쇠라고 하더군.

남사당패라는 조직에서 꼭두쇠의 권한은 절대적이야. 공연 프로그램을 정하고 기예를 훈련시키고 단원을 새로 들이고 내보내는 등 모든 결정을 꼭두쇠가 내리거든. 또 그만큼 단원들을 이끌고 부양해야 하는 책임도 막중하지. 꼭두쇠의 역량에 따라 단원들이 모여들기도 하고 흩어지기도 하고, 패거리가 흥하기도 하고 망하기도 하니까.

물론 내가 어리다고 해서 단원들이 나를 함부로 대하거나 내 말에 복종하지 않을 염려는 없었어. 왜냐하면 남사당패는 나름대로 규율이 엄하고 일사불란한 조직이거든. 위계질서도 분명해. 맨 위에 꼭두쇠가 있고, 곰뱅이쇠가 2인자로 꼭두쇠를 보좌하는 역할을 해. 그리고 그 밑으로 각 놀이 분야의 선임자인 '뜬쇠'가 있어. 뜬쇠들 밑에는 다시 보통 기능자인 '가열'과 초보자인 '삐리'들이 있어. 위계질서나 명령 체계로 따지면 군대 못잖을 걸?

어린 나이로, 그것도 여자의 몸으로, 하루아침에 그런 중책을 맡게 된 나는 머리가 복잡했어. 단원들이 나를 단장으로 뽑을 때는 내가 그만한 역할을 할 거라고 기대했기 때문일 테니 말이야. 사실, 내 입으로 이런 말 하기는 좀 쑥스럽지만 내가 인기가 높긴 했어. 한마디로 단원들은 공연장에서의 나의 상품가치를 인정했던 것이고, 나의 그런 대중적 인기를 최대한 이용하고자 했던 거야. 바꿔 말하면, 실리를 위해서라면

'나이 어린 계집애'에게도 고개를 숙일 수 있다는 얘기니까, 그만큼 내 인기와 영향력이 대단하긴 했나 봐. 어쨌든 내가 꼭두쇠로 선출되었다는 건 세간에서도 빅 뉴스였어.

꼭두쇠 자리의 책임과 의무를 잘 알고 있기에, 나는 이제부터 온 신명(身命: 몸과 목숨)을 바치겠다고 속으로 다짐했어. 우두머리가 되었다고 해서 우쭐해 할 겨를도 없었어. 얼른 불당골을 떠나 부지런히 판을 벌여 백 명이나 되는 식구들을 먹여 살려야 했으니까. 그게 내 할 일이었으니까.

거리를 떠도는 어둠의 자식들

단원들의 예상은 적중했어. 내가 꼭두쇠가 된 뒤로 우리 안성 남사당패는 그야말로 최고의 인기를 누렸지. 우리 패가 공연을 열었다 하면 사방에서 사람들이 구름처럼 모여들었거든. 단원들은 내가 그 일등공신이라고 하더군. 거칠고 수염 덥수룩한 남정네들 틈에서 예쁘장한 여자애가 날렵한 몸짓으로 재주를 부리니 더 신기해 보였나 봐. 오죽하면 이런 노래가 다 나왔겠어?

안성 청룡 바우덕이 소고만 들어도 돈 나온다.
안성 청룡 바우덕이 치마만 들어도 돈 나온다.

안성 청룡 바우덕이 줄 위에 오르니 돈 쏟아진다.

안성 청룡 바우덕이 바람결에 잘도 떠나가네.

노랫말에도 나오지만 나는 특히 소고춤과 줄타기를 잘했어. 재주가 신기(神技)에 가깝다는 말까지 들었지 뭐야?

그런데 기술이 뛰어나기도 했지만 내가 얼굴이 곱고 예쁘장해서 더 인기가 있었던 게 아닐까 싶어. 남장을 하고 다녔는데도 사람들은 내 미모가 어떻다느니 하면서 나를 조금이라도 더 가까이서 보려고 애를 썼고, 우리를 천시하던 양반들도 내 인물에 대해서는 칭찬을 했으니 말이야. 이래저래 인기가 하늘을 찌를 정도라 사람들이 고을 원님 이름은 몰라도 내 이름 바우덕이는 알 정도였어.

이처럼 재색을 겸비한 데다 절정의 인기를 누렸으니 하루하루 행복에 겨운 날들을 보냈을 것 같다고? 게다가 남사당패에 들어간 지 10년 만에 총책임자 자리에 오르는 초고속 승진을 했으니 사회적으로도 성공한 것 아니냐고?

아니야. 내가 남사당패의 일원이라는 사실은 내 어린 시절이 불우했다는 것을, 그리고 내가 한 많은 천민의 신분이라는 것을 말해줄 뿐이야.

내 본명은 '암덕'이야. 남사당패에 들어와서 바우덕이로 불리게 되었어. 아버지는 가난한 소작농이었는데, 어머니가 세상을 떠나고 아버지마저 병에 걸리자 나를 남사당패에 맡긴 거야. 남사당에는 이렇게 부모가 키울 형편이 못 되어 내버린 아이, 집을 나온 아이, 단원들이 거리에서 데리고 온 아이들이 모여 재주를 익히며 차세대 단원으로 길러지고 있었어. 물론 자기가 좋아서 제 발로 들어온 아이들도 있었지.

다섯 살 때 패거리에 들어온 나는 예술적 감각과 운동신경을 타고났던지 재주들을 금방 익혔어. 열 살이 되기 전에 노래, 악기 연주, 땅재주, 줄타기, 풍물 등 거의 전 과정을 마스터했으니까 말이야.

특히 줄타기에 능했는데 처음에는 땅바닥 위에 줄을 놓고 중심 이동하는 법과 호흡법을 익혔어. 이른바 '땅줄 탄다'고 하는 단계야. 그 다음에는 나무 밑동에 줄을 걸어 놓고 기본기를 수천 번 반복했고, 점점 줄의 높이를 높여가면서 어려운 기술들을 익혀갔어.

이처럼 고된 훈련으로 터득한 기예니까 전문성을 인정받고 예인으로 대우받는 게 당연한데도 현실은 정반대였어. 지금 같으면 아이돌 스타가 되어 부와 명성을 누렸겠지만, 남사당패는 한마디로 노비보다 천한 신분이었고, 하루 벌어 하루 먹는 극빈층이었단다.

남사당은 조선 시대에 서민사회에서 자연발생적으로 생겨난 민중놀이 집단이야. 남사당이 등장하기 전에는 여자들로 이루어진 '사당패'가 있었는데, 이들은 주 수입원이 공연보다는 매춘이었어. 그래서 사당은 곧 매춘부라는 인식이 뿌리 깊이 박혀 있었지.

그러니 조선 후기 들어 주로 남자들로 구성된 남사당이 등장해 곡예와 노래, 춤으로 짜인 공연을 선보였지만, 사당패로 인해 남사당에 대한 이미지도 썩 좋지는 않았어. 매춘을 안 한다 하더라도 일단 거리를 떠돌며 대중에게 재주를 내보인다는 것 자체가 천한 일로 여겨졌지. 게다가 여자들에 대해서는 편견이 더욱 심했어. 남자들 앞에서 몸으로 재주를 부린다는 것 자체가 음란하고 비도덕적인 행위로 여겨졌어.

생각해 봐. 조선 시대가 어떤 시대였는지를. 여자에게는 정절이 최고의 가치로 여겨졌고, 남자와 여자의 공간은 철저하게 분리되어 있었어. 여자들은 간단한 외출도 자유롭지 않았다고. 그러니 사람들이 입을 모아 칭찬할 정도로 재능과 미모가 뛰어났지만 결국 나도 '천한 여자'로 취급될 수밖에 없었어.

그러니 우리는 철저한 밑바닥 인생들이자 '어둠의 자식들'이었던 거야. 광대와도 대접이 또 달랐어. 같은 예인이라 하더라도 광대는 관청이나 양반들의 잔치에 불려 다니는 쪽이었고 우리들은 서민들이 주요 고객이었지.

물론 양반들이 우리들을 싫어한 데는 나름대로 이유가 있었어. 몸을 놀려 먹고 사는 것이 고상함과 거리가 멀어 보이기도 했지만, 우리가 놀이판에서 양반사회를 비판하고 풍자해서 폭소판을 만드는 것이 불편하고 괘씸했기 때문일 거야.

그러다 보니 마을이나 장터에서 공연이라도 하려면 반드시 동네 양반들의 허락을 먼저 받아야 했어. 물론 스트레스에 찌들어 있던 서민들이야 별다른 여가문화도 없던 터라 쌍수를 들고 환영했지만 말이야. 아마 관람료를 내지 않아도 즐길 수 있는 무료 공연이라는 점도 한몫 했겠지?

우리는 허락이 떨어지면 마을의 큰 마당에 판을 벌였어. 때로는 밤을 새워가며 놀이판을 벌였지. 하지만 관람료라는 것이 따로 없기에 하룻밤 숙식을 제공받는 것으로 만족해야 했어. 혹시 다음날 아침 떠나는 길에 사람들이 노잣돈 몇 푼을 쥐어주면 그게 유일한 현금 수입이었어. 하루하루 입에 풀칠하기에 급급한 비참한 생활이었지.

그래도 공연은 계속되는 법! 아무리 무시당하고 천대받아도 우리들 몸속에 흐르는 예인의 피는 어쩔 수 없나 봐. 우리 패거리가 주로 활동했던 곳은 안성 땅이야. 그때의 안성은 서울과 삼남 지방(충청도·전라도·경상도)을 연결하는 교통의 요지이자 상업의 중심지였어. 전국 최고의 장시가 열리는 고장이었지. 상인들은 사람을 조금이라도 더 끌어 모으기 위해 장터에 우리 같은 연희(演戱: 말과 동작으로 여러 사람 앞에서 재주를 부림)패들을 불러들였어. 우리도 사람 많은 데서 판을 벌여야 수입이 늘어나니까 서로의 이해가 맞아떨어져서 안성장터에서는 늘 놀이판이 펼쳐졌어.

외줄 타는 선녀

자, 이제, 안성 장날의 공연 현장으로 초대할 테니, 한번 상상해 봐! 개막을 알리는 꽹과리 소리가 울리고 풍물패가 줄줄이 모습을 드러내자 사람들이 들뜬 얼굴로 모여들기 시작해. 곳곳에서 깃발이 휘날리고, 북 장단과 장구 소리, 태평소 가락이 요란스럽게 귓가를 울리고 있어.

놀이판은 서서히 열기로 달아오르기 시작해. 이제 곧 흥과 신명이 넘치는 놀이마당이 한 판 펼쳐질 참이야. 나는 오늘도 공연이 무사히 끝나기를, 그리고 식구들을 배불리 먹일 수 있도록 구경꾼들이 넉넉히 돈을 던져주기를 마음속으로 간절히 빌고 또 빌어.

곧 첫 번째 마당이 펼쳐져. '버나놀이'라는 건데 접시나 대접, 대야 같은 것을 긴 막대기로 빙글빙글 돌리는 묘기야. '버나잡이'가 어릿광대인 '매호씨'와 재담과 노래를 주고받으며 버나를 돌리는데, 떨어지지 않고 아슬아슬 돌아가는 모습이 정말 절묘하지. 하늘 높이 버나를 던졌다가 멋지게 받아내자 사람들의 탄성이 쏟아지는군.

이제 두 번째 마당 '살판'이 이어져. '잘하면 살판이요, 못하면 죽을 판이다'에서 나온 말이야. '살판꾼'과 '매호씨'가 재담을 주고받으며 서로 땅재주를 부리는 놀이야. 일종의 덤블링이라고 생각하면 돼. 살판꾼이 앞으로 손 짚고 회전하는 '앞곤두', 뒤로 손 짚고 회전하는 '뒷곤두', 공중에서 회전하는 '번개곤두' 등 10여 가지 땅재주를 선보여 사람들의 정신을 쏙 빼놓지. 마지막에는 칼과 화로까지 들고 재주를 넘어 보는 이의 손에 진땀이 나도록 만들어.

사실 여기까지는 일종의 '맛보기'야. 줄타기인 세 번째 마당 '어름'이야말로 공연의 하이라이트란다. '얼음 위를 걷듯이 어렵다'고 해서 '어름'이라 해. 그래서 줄광대를 '어름산이'라고도 불러. 마당 양편에 세워둔 작수목에 3m 높이의 줄이 걸리고, 나 바우덕이가 등장하자 여기저기서 "바우덕이다! 바우덕이!"라는 환호성이 들리네.

줄타기야 워낙 자신이 있지만 그래도 긴장을 늦추면 안 돼. 일단 숨을 고르고 줄 위에 올라서자 줄이 살짝 출렁거려. 구경꾼들은 목이 빠져라 나의 움직임을 눈으로 좇고 있어. 서 있는 모양새가 아슬아슬하니까 까딱하면 떨어질 것 같은가 봐. 난 한 손에 부채를 펴들고 균형을 잡으며 살살 걷기 시작해. 줄과 한 몸이 된 듯 잰 걸음으로 뛰어다니다가, 줄에 다리를 꼬고 앉기도 하고, 다시 일어서서 공중에 솟구쳤다 내려앉았다 하며 재주를 부리지.

그러면서도 수시로 '매호씨'와 걸쭉한 재담을 주거니 받거니 하고, 간간이 노래도 부르고, 연기도 해. 가끔씩은 줄을 타다 일부러 실수하는 척을 하기도 하는데, 활시위를 당겼다 놓아버리듯, 사람들 마음을 들었다 놓았다 하는 거야. 그러면 구경하던 사람들은 가슴을 졸이다 못해 침을 꼴깍 삼키고, 애를 태우다 못해 벌렁 나자빠지기도 하지.

이제 마무리를 할 때가 되어 마지막 동작을 선보여. 줄의 탄력을 이용해 하늘로 힘차게 솟구쳐 오르는 거야. 그러면 구경꾼들 모두 숨이 멎은 듯 눈이 동그래진단다. 공중으로 치솟은 나는 줄 위에 살짝 내려앉고 여유 있게 착지에 성공해. 오늘 공연도 성공! 그러면 여기저기서 안도의 한숨 소리가 들려오고 박수와 환호가 쏟아져.

"역시 바우덕이야! 바우덕이!"

"사람이 아니고 무슨 선녀 같네 그려!"

이제는 네 번째 마당인 '덧뵈기' 순서가 시작돼. '탈을 쓰고 덧본다'라는 뜻에서 나온 말이니까 한마디로 탈춤놀이야. 주로 양반을 비판하는 풍자극으로 꾸며지는데, 체통 따지며 할 짓은 다 하는 양반들의 허위의식이 까발려지자 구경꾼들은 박장대소를 하며 좋아하지. '덧뵈기'가 끝나면 인형극 '덜미'가 마지막 마당을 이어받는단다.

단원들은 풍물놀이를 시작으로 버나놀이, 살판, 어름, 덧뵈기, 덜미 등의 여섯 마당에 사이사이 북춤과 무동놀이까지, 그야말로 숨 돌릴 틈 없이 재주와 장기를 선보여. 시장에 일 보러 왔다가 졸지에 눈 호강을 한 구경꾼들은 공연이 제법 만족스러운지 몇 푼씩 던져주며 자리를 뜨지. 물론 그냥 가는 사람들이 더 많아.

나는 단원들에게 뒷정리를 지시하고 수입을 계산해보고는, 단원들을 이끌고 국밥집으로 향해. 뜨끈한 국물로 몸에 쌓인 피로와 긴장을 털어내는 거야. 안성 장터의 하루가, 나의 하루가 이렇게 저물어간단다.

지역구 스타에서 전국구 스타로

그렇게 안성 일대에서 이름을 날렸지만, 어쨌든 활동 무대라고 해봤자 고작 시골 장터였어. 하지만 사람의 일이라는 것은 정말 알 수 없는 거야. 어느 날, 서울의 궁궐 마당에서 공연을 펼칠 기회가 찾아왔지 뭐야?

이런 일을 도모한 주인공은, 풍류라면 둘째가라면 서러워할 대원군이었어. 내가 꼭두쇠가 된 지 2년이 지난 후였고, 내 나이 열일곱 살이었지. 대원군은 경복궁을 중건하면서 힘든 일에 지친 일꾼들을 위로하기 위해 전국의 놀이패들을 불러 모았어. 각 지방의 내로라하는 남사당패들과 재주꾼들을 경복궁에 총집합시켜 위로잔치와 경연대회를 겸해 신명나는 한마당 놀이판을 벌인 거야. 우리 패거리도 정식으로 초청받아 참가했는데, 이날 서로가 잘났다고 한판 겨루는 공연장에서 우리는 다른 패거리들을 완전히 압도했어. 이번에도 내 공로가 가장 컸다고들 하더군.

내가 줄에 오르자 모두들 넋을 잃고 바라보는 게 느껴졌어. 이제 줄 위에서 소고 치고 노래하며 재주를 넘자 공사판 일꾼들이 한 동작 한 동작에 열광하는 거야. 일꾼들은 신이 났는지 내게서 눈을 못 떼고 '얼쑤! 얼쑤!' 추임새를 넣어가며 호응했지. 나는 어전에서 하는 공연인데도 전혀 주눅 들지 않고 물 만난 고기마냥 신들린 듯 묘기를 부렸어. 그날 사람들의 마음을 완전히 사로잡았노라고 감히 말할 수 있을 정도야. 그야말로 내 일생 최고의 공연이었다고.

그런데도 난 그 일로 해서 하마터면 저세상 사람이 될 뻔했어. 대신들이 요망한 여자라면서 처형해야 한다고 상소를 올렸거든. 난 그저 나라에서 펼쳐준 놀이판에 불려가 최선을 다해 재주를 부렸을 뿐인데 말이야. 다행히 대원군은 이 상소를 받아들이지 않았어. 오히려 내 재주를 가상히 여겨 아주 특별한 상을 내렸지 뭐야? 옥관자를 하사한 거야. 옥관자는 정3품 당상관 이상의 벼슬아치들만 쓸 수 있는 옥으로 만든 망건 관자란다. 당상관이면 지금의 도지사 급 벼슬인데, 떠돌이 놀이패에 불과한 천민 집단에게 그런 영예가 주어지다니, 정말 상상하기 힘든 일이었어. 아주 파격적인 대우였다고.

어쩌면 우리에게 내려진 옥관자는 국가가 남사당놀이의 예술적 가치를 공식적으로 인정했다는 증표가 아닐까? 비속한 것으로 취급되던 남사당놀이를 향유의 대상인 문화로 인정한 게 아니었을까? 우리 같은 거리의 연희꾼들을 전문예술인으로 인정한 게 아니었을까?

그 후 우리 안성 남사당패는 깃발 윗부분에 옥관자를 달고 아래에는 다섯 방위를 상징하는 오색 삼각기를 달고 다녔어. 우리가 이 옥관자 깃발을 앞세우고 가면 다른 패들은 멀리서 자기네 깃발을 숙여 예의와 존경을 표했지. 전국의 모든 남사당패와 놀이패들이 모두 우리에게 머리를 조아리고 우리를 조선 최고의 남사당패로 받들었어.

나도 단숨에 지역구 스타에서 전국구 스타로 발돋움했고, 사람들은 우리 패를 '바우덕이 패'라고 부르기 시작했단다. 그만큼 나의 인기가 절대적이었다는 얘기이고, 또한 나를 좋아하고 동경하는 팬 층이 생겨났다는 뜻이기도 해. 그래서 나 바우덕이를 우리나라 최초의 연예인으로 보기도 한다는군.

죽어서 전설이 된 보헤미안

근데 옥관자를 받은들 천민이 양반되겠어? 내 인생까지 정3품으로 업그레이드된 건 아니었지. 식구들을 먹여 살리자면 여전히 매일같이 힘든 놀이판을 벌여야 했어. 잠자리, 먹을거리, 입을 거리가 변변한 것도 아니었고 떠돌아다니느라 제대로 쉴 수도 없었어.

그렇게 험한 생활이 계속되니 누군들 버텨내겠어. 하루하루 건강이 나빠지더니 마침내 폐병에 걸리고 말았지. 그때가 스물한 살이었는데 2년 동안 병과 씨름하다 약 한 첩 제대로 써보지 못하고 결국 세상을 등지고 말았어. 천한 신분이라 해서 관도 못 쓰고 거적에 둘둘 말려 땅에 묻혔으니 참으로 죽어서도 서럽더군.

지금 안성 청룡리 골짜기 어느 개울가에는 나의 무덤이 있단다. 안성시에서 내가 묻혔다고 추측되는 곳에 가묘(假墓: 정식으로 묘를 쓰기 전에 임시로 쓰는 묘)를 하나 만들어 놓은 거야. 그리고 그 개울가에는 나팔바위, 또는 울바위, 울음바위라 불리는 바위가 하나 있어. 내가 병에 걸렸을 때 우리 패거리 단원이자 내 남편이었던 이경화가 나를 지극정성으로 간호했는데, 내가 죽자 남편이 그 바위에 앉아 십 수 일을 통곡했다고 해서 그런 이름이 붙었지. 또는 매일 그 바위에 올라 미친 듯이 나팔을 불고 장구를 치고 피리를 불었다고도 해. 그토록 슬퍼해준 남편이 있었기에 숨을 거두는 순간에도 조금 덜 외로울 수 있었어. 지금도 안성 지역에는 나와 관련된 이야기가 곳곳에 전설처럼 남아있으니 한번 찾아봐도 재미있을 거야.

그럼 내가 죽은 후에 우리 식구들, 안성 남사당패는 어떻게 되었을까? 일제 강점기 들어 남사당놀이는 민족문화 말살정책으로 인해 명맥이 거의 끊길 뻔했어. 게다가 경부철도가 안성 옆의 평택을 지나가면서, 교통과 상업의 요충지이던 안성의 장터는 점점 쇠락해갔지. 그 여파로 안성 남사당패 또한 해체 위기에 놓였었고.

그래도 뜻있는 후예들이 꾸준히 보존하고 발전시켜 온 덕분에 지금 안성에서는 2001년부터 해마다 남사당축제가 열리고 있단다. 뿐만 아니야. 남사당놀이는 현재 중요무형문화재로 지정되어 있어. '안성시립 바우덕이 풍물단'은 올림픽과 월드컵 등에 초청돼 공연을 펼치기도 했고. 내가 활동하던 때가 전성기였다면 지금은 중흥기라 할 수 있겠지? 천민 중의 천민 남사당이 일구어낸 놀이문화가 하나의 대중공연문화로 발전해온 셈이야.

나는 신분과 성(性)의 한계를 뛰어넘어 당당히 일세를 풍미했고, 애틋한 23년 짧은 이야기를 남기고 죽어서 이렇게 전설이 되었단다.

김금원 그러고 보니까 진채선과 바우덕이 두 사람 다 경복궁 공연에서 대원군으로부터 '최고'라는 칭찬을 들은 주인공이네. 그런데 진채선으로선 좀 섭섭할지 모르겠지만, 무명이었는데 어떻게 그런 톱클래스 무대에 설 수 있었어? 요즘 같았으면 누군가 캐스팅에 영향을 미쳤을 거라는 소문이 돌았을 거야.

진채선 영향을 미친 사람이 있긴 있었지. 판소리계의 실력자 스승님이 추천을 했으니까.

김금원 그러게 말이야. 사실 신재효를 빼놓고는 진채선의 삶과 예술을 이야기할 수 없을 것 같아.

진채선 맞아. 그런 말이 나올 수 있어. 말 그대로 스승님이었어. 나를 키워주신 분이니까. 그러니 어느 정도까지는 그 그늘 아래에 있을 수밖에 없었어. 나중에 독자적으로 활동할 수 있게 될 때까지는 말이야.

박에스더 나 역시 로제타 셔우드 홀이라는 선생님이 있었어. 그분이 아니었다면 지금의 나는 존재할 수 없을 거야. 선생님은 조선에는 여의사가 꼭 필요하다며 나더러 의사가 되라고 권하셨고, 자신의 피부를 떼어내 환자에게 이식하는, 진정한 인류애를 보여주셨어.

바우덕이   정말? 대단한 분이네!

박에스더   선생님은 의사로서 인류에 봉사한다는 '히포크라테스 선서'를 그대로 실천하신 분이야.

김금원   청출어람(靑出於藍)이라고, 그 선생님 밑에서 더 뛰어난 제자가 나온 거네. 미국에서 탄탄한 앞날이 보장되었는데도 마다하고 돌아와 스스로 가시밭길을 걸었으니 말이야.

박에스더   아참, 남편도 내게는 스승 못지않은 사람이야. 내 남편 박유산은 가부장적이었던 다른 남자들과는 차원이 달랐어. 아내의 사회활동을 막기는커녕 오히려 자신을 희생해가며 뒷바라지 했으니까. 내겐 든든한 동반자였지. 비록 짧은 기간이기는 해도.

진채선   맞아. 동반자가 있다는 건 좋은 거지.

김금원   진채선은 스승님과 연인 관계이기도 했는데 불편하지 않았어?

그리고 그런 관계였기 때문에 특혜를 받은 것은 없었어?

진채선　글쎄, 공적인 관계와 사적인 관계가 얽히는 것은 별로 바람직하지 않은 것 같아. 물론 감정이란 것이 통제하기 어려운 것이긴 하지. 나도 처음엔 감정을 억제하려고 했어. 스승님을 하늘같이 섬기고 모셨는데 언제부턴가 사모하는 마음이 생겨 버린 거지. 아, 특별한 관계였다고 해서 특혜를 받았다고는 할 수 없고, 아마 관심을 더 받았을 수는 있어. 그렇지만 내가 공적인 무대에서 인정을 받은 것은 전적으로 나의 노력으로 이루어낸 거라는 걸 기억해 줘. 사람들이 이런 나의 노력은 보지 않고 스승님의 영향력만 이야기할 때는 정말 억울해.

바우덕이　맞아. 나도 그 심정 이해해. 거저 얻은 게 아닌데 사람들이 그런 식으로 이야기할 때마다 나도 정말 속상해. 난 얼굴이 예뻐 출세했다는 소리가 참 듣기 싫었어. 내가 기예를 익히느라 남몰래 흘린 땀과 눈물에는 아무도 신경 안 쓰더군. 알려고 하지도 않고 말이야.

박에스더　인정할 건 인정해야 하지 않을까? 바우덕이의 직업 자체가 사람의 인기를 먹고 사는 직업이잖아. 대중의 인기를 얻으려면 일단은 매력이 있어야 하는 거야. 그런 면에서 자신이 스타성을 타고난 것에 대해 오히려 부모님께 고마워해야 할 것 같은데?

진채선 나도 그때 경복궁 공연 때 바우덕이를 봤는데, 인기가 정말 대단했어. 물론 기술도 뛰어났지만 워낙 미모가 뛰어나니까, 남장을 하고 있는데도 멀리서도 눈에 띄더라니깐. 사내들이 한 송이 복사꽃 같다면서 눈을 못 떼는 거야.

바우덕이 그랬던가? 하여튼 요즘으로 치면 공연 배틀에 참가한 셈이었지. 나야말로 거리 공연으로 다져진 인생이야.

진채선 만약 지금 시대에 연예인이 되었더라면 이름도 날리고 큰 부자가 되었을 텐데, 너무 일찍 태어난 것이 애석하네.

바우덕이 그럴까? 정말 시대를 잘 만났더라면 진정으로 예인 대접을 받았을까? 진채선도 마찬가지잖아.

김금원 시대를 잘 만났더라면 우리가 지금 이 책에 등장하지 않았겠지? 진채선이나 바우덕이나 나나 모두 신분으로 따지면 사회의 주변인들이었어. 게다가 결정적으로, 여자라는 것 때문에 더 제약을 받고 차별을 받았잖아.

진채선 그러게 말이야. 같은 명창이어도 남자들은 벼슬 한 자리씩 받곤했는데 나는 여자라 기껏 궁에서 대령기생으로 있었던 게 전부였어. 궁에서 나온 후에도 말년은 쓸쓸하기만 했지.

박에스더　여자에게는 한없이 불리한 세상이었어. 아니, 여자에게는 세상 자체가 아주 위험한 곳이었어. 목숨이 경각에 달렸는데도 내외법에 묶여 남자 의사에게 몸을 보일 수 없다며 치료도 못 받고 죽어간 여자들이 한둘이 아니야.

김금원　그러게. 그런 세상에서 살아남았다는 것만으로도 다행으로 여겨야 하는 건지……. 난 어려서부터 그런 문제에 예민했어. 보통 여자들과 달리 공적인 문제, 시사적인 문제에도 관심이 많았고 말이야. 그만큼 포부도 컸어. 또 그만큼 절망감도 컸지.

바우덕이　아참, 금강산을 유람하던 중에 바위에 이름을 새겼다면서? 열네 살 소녀의 행동치고는 상당히 대담한 것 같아.

김금원　난 하고 싶은 것은 반드시 하고야 마는 성격이었어. 추진력이 있었다고 할까.

진채선　배짱이 두둑했네. 그러니까 그렇게 아버지를 졸라 여행을 떠날 수 있었겠지. 그 시절 남자들도 감히 엄두를 내지 못한 미국 유학을 감행한 박에스더도 마찬가지고.

김금원　그래도 나를 평생 괴롭힌 것은, 쓰일 곳 없는 규중의 여자라는 자괴감이었어. 재능을 지녔음에도 이름 없이 사라져간 수많은 여자들을 생각하면 기가 막히지 않아? 그나마 우리는 나은 경우겠지.

박에스더　맞아. 재능과 열정만 있다고 되는 건 아닌 것 같아. 사회적 조건이 맞아떨어져야 하는 것 아닐까?

진채선　그 조건이라는 것은 여러 가지일 수 있다고 봐. 내 경우엔 재능을 알아본 스승을 만남으로써 관기에서 벗어나 스타덤에 오를 수 있었으니까. 물론 내 경우가 일반적이진 않지만 하나의 사례는 될 수 있을 거야.

바우덕이　가능성 있는 신인을 발굴해 데뷔시키는 연예기획사의 시스템과 비슷하네.

진채선　스타의 자질을 알아보는 기획사의 안목도 중요하지만 무엇보다 본인의 재능과 노력이 뒷받침되어야 해.

김금원　물론이야. 보통 사람들도 마찬가지라고 봐. 안 그래도 요즘 멘토와 멘티 이야기가 많이 나오잖아. 누구든 혼자만의 노력으로 뜻을 이루기는 쉽지 않아. 혹시 한 단계 도약하기를 꿈꾼다면 멘토를 찾아 자신의 가능성을 시험해보는 게 어떨까.

Part **3**

나눔과
도움

부자에 머물지 않고 의인으로 남아 백선행

만덕이 우리 목숨을 살렸다! 김만덕

학교 설립으로 만인의 어머니가 되다 최송설당

인색한 부호들에게 경종을 울린 아름다운 여인 왕재덕

통 크게 베풀어
'선행'이 이름이 된 거부

백선행

1848년 경기도 수원에서 출생하였다. 어려서 평양으로 이주하였고, 16세에 수원으로 출가하였다가 남편과 사별한 후 평양으로 돌아왔다. 지독한 근검절약으로 큰 재산을 모았고, 1908년 회갑 때 대동군에 백선교를 부설한 것을 시작으로, 평양 공회당을 건립하고 육영사업과 자선사업에 기부하는 등 전 재산을 공익을 위해 희사(喜捨: 어떤 목적을 위하여 기꺼이 돈이나 물건을 내놓음)했다. 총독부에서 주는 표창을 거절하여 더욱 화제가 되기도 했다. 1933년 사망했으며 여성으로는 최초로 사회장(社會葬: 사회적으로 공로가 큰 사람이 죽었을 때에 사회단체가 연합하여 치르는 장례)이 엄수되었다.

분노는 나의 힘!

"다시는 내 집에 얼씬도 마라! 다시는!"

나는 부엌에서 콩을 내와 문간에 뿌렸어. 의지할 데 없는 과부라 이런 원통한 일을 당하는가 싶었지. 불행은 제발 이걸로 끝이길 바라면서, 악당들이 눈앞에서 사라질 때까지 뿌리고 또 뿌렸어. 평안도 지방에서는 악귀를 쫓을 때 문간에 콩을 뿌리는 풍습이 있단다. 오죽하면 내가 악귀 취급을 하겠어? 어머니와 십년 동안 피땀 흘려 모은 재산을 몽땅 가로채 갔으니 친척이라 해도 인간으로 보이지 않았지.

사실 지금껏 하루도 편히 산 적이 없었어. 아무리 '초년고생은 사서도 한다'지만 말이야. 일곱 살에 아버지가 돌아가신 후 홀어머니와 단둘이 살던 나는 열여섯 살에 경기도 수원에 사는 안재욱이라는 사람과 결혼했어.

남편 역시 집안 형편이 넉넉지 않았는데 몸도 건강치 못해서 시름시름 앓기만 했어. 난 그래도 남편을 살려 보려고 왼쪽 약지를 베어 피까지 먹여봤는데, 남편은 결국 저세상 사람이 되고 말았어. 결혼 8개월 만에 청상과부가 된 거야.

이제 나는 '미망인'이란 이름으로 평생 혼자 살든가, 스스로 목숨을 끊어 '열녀'가 되든가 해야 했어. 하지만 그 어느 쪽도 썩 마음에 들지 않았지. 어머니는 나까지 과부가 된 것이 무척 속상했나 봐. 내가 나이도 어린데다 자식도 없으니 앞날을 생각하면 그저 눈앞이 캄캄한 거야.

어머니와 나는 궁리 끝에 함께 살기로 했어. 어머니는 천성이 부지런하고 알뜰한 분이었는데 이제 팔을 걷어붙이고 닥치는 대로 일하기 시작했어. 뭐든 만들어 내다 팔았지. 간장도 만들어 팔고, 베도 짜서 팔고 말이야. 나도 계란을 부화시켜 병아리를 내다 파는 등 일거리를 찾아 뛰어들었어. 옛말에 '과부는 은이 서 말이고 홀아비는 이가 서 말'이라고 하잖아. 과부는 스스로 생계를 책임져야 하니까 생활력이 강해질수밖에 없는 것 같아.

어머니와 악착같이 일했더니 다행히 살림이 조금씩 펴지기 시작했어. 극빈은 면한 셈이야. 하지만 재산을 모으려면 씀씀이를 줄여야겠더군. 안 그러면 계속 제자리걸음일 수밖에 없어. 우리는 식사라고 해봤자 기껏해야 보리죽이나 풀죽인 것을, 그것마저 하루 세 끼에서 두 끼로 줄였어. 해 짧은 겨울이면 한 끼로 때우는 일도 많았지. 그렇게 10년 동안 애면글면(몹시 힘에 겨운 일을 이루려고 갖은 애를 쓰는 모양) 돈을 모은 거야.

이제 겨우 한숨 돌릴 만하다 싶어졌어. 하지만 또 다시 시련이 닥쳐왔단다. 서로 의지하며 살던 어머니가 갑자기 세상을 뜬 거야. 평생 고생만 하던 어머니가 호강 한 번 못해보고 그렇게 가시다니, 나는 안타깝고 분해서 참을 수가 없었어.

게다가 더 속상한 것은 장례를 주관할 상주가 없다는 거야. 보통은 장남이나 장손 등 남자 자손이 상주가 되거든. 정 없으면 맏사위나 가까운 친족이 상주가 되기도 하고. 나는 급한 대로, 먼 조카뻘 되는 사람을 어머니의 양자로 들여와 장례를 치렀어.

그런데 그 사람은 장례가 끝나자 내가 출가외인이라 상속권이 없다면서 슬슬 재산을 넘보기 시작했어. 집안에 호랑이를 불러들인 격이었지. 그 사람은 뒤에 패거리도 있더군. 그 일당은 내가 지지 않고 맞서자 잠시 주춤하더니, 재가하지 않고 어머니를 모신 것이 기특하다는 핑계로 집만 남겨주고는 집값의 여섯 배가 넘는 현금을 빼앗아갔어. 시집간 여자는 가족으로 인정하지 않는 출가외인의 논리에 속수무책으로 당하고 만 거지.

하지만 나는 문간에 콩을 뿌리며 이를 다시 악물었어. 이제 적어도 맨손은 아니었거든. 어떤 일을 해야 돈을 벌 수 있는지, 무엇을 팔아야 이익이 남는지, 요령을 알고 있었고 경험도 있었어. 나는 분노를 에너지원 삼아 억척스럽게 다시 일하기 시작했어. 나는 어머니를 많이 닮았나 봐.

억척녀의 인생 역전

우선 생각해낸 것이 봉선화를 심어 내다 파는 일이었어. 봉선화는 여자들이 손톱에 물을 들이는 화초라 찾는 사람이 꾸준히 있었거든.

마당에 봉선화 씨를 뿌리고 여름이 되자 붉은 색 꽃들이 수줍게 피어났어. 얼마나 어여쁘던지. 하지만 난 내 손톱에 봉선화 물을 들일 겨를이 없었어. 얼른 꽃잎을 따다 장에 내다 팔아야 했으니까. 또 마당 한쪽에는 뽕나무를 키워 누에를 치고 고치실을 뽑았어. 밤에는 늦게까지 옷감을 짰고. 그야말로 밤낮 없이 일했지. 일만 열심히 한 게 아니야. 지독하게 절약하는 생활도 여전했어. 그렇게 몇 넌이 흐르자 재산이 조금씩 다시 모이기 시작했어.

이제는 다른 분야로 눈을 돌려 돼지를 사서 키우기 시작했어. 문제는 사료였는데, 나는 산으로 들로 다니며 풀을 베어와 먹였어. 또 매일 항아리를 이고 10km나 떨어진 시장에 가서 식당을 돌며 음식 찌꺼기를 얻어왔지. 힘들고 고되지만 돼지를 굶길 수는 없잖아. 비가 오나 눈이 오나 하루도 거르지 않고 부지런히 얻어다 먹였어. 그런 내 정성에 보답이라도 하듯 돼지는 날마다 자라났고 부지런히 새끼를 쳤어. 돼지를 내다 파는 건 수입이 꽤 괜찮은 일이었어.

어느새 하루하루 현금이 쌓여 갔고 이젠 어느 정도 생활에 여유도 생겼어. 난 또 새로운 일에 뛰어들었어. 봇짐장수로 나선 거야. 보따리에 성냥이나 화장품 같은 잡화류, 미역이나 고등어 같은 건어물 등 온갖 물건을 이고 다니며 팔았지. 거짓말 보태지 않고, 난 정말 일 년 내내 하루도 안 쉬었단다. 그랬더니 점점 단골이 생겼어. 내가 장사에 소질이 있는지 없는지는 잘 모르겠는데, 성실하게 했다는 것 하나는 자신 있게 말할 수 있어. 점점 재산도 불어났지.

어느덧 어머니 돌아가신 후 10년이 흘렀어. 이제 나는 옛날의 그 가난한 과부가 아니었어. 돈이 생길 때마다 논을 사뒀는데, 그 논에서 해마다 벼를 수십 섬씩 수확했단다. 한 섬은 쌀 약 두 가마에 해당돼. 나는 여윳돈이 생기면 또 다시 논을 샀어. 논은 자가 증식이라도 하듯 해마다 늘어났고, 마흔 살이 넘자 추수되는 벼가 수백 섬이나 되었지.

이쯤 되면 인생 역전이 이루어진 것이라고 볼 수 있을까? 일단 내가 타고난 '억척녀'라는 것은 인정해. 하지만 환경의 영향도 있었어. 도와주는 사람 없이 스스로 생계를 책임져야 했으니까. 또한 부모나 자식 등 부양가족이 없어서 씀씀이를 줄이고 재산 축적에만 전념할 수 있었던 것도 사실이야.

그러나 내가 기울인 노력도 제대로 봐줬으면 좋겠어. 난 돼지 사료를 사지 않고 직접 얻어다 먹였어. 즉 비용을 줄이기 위해 애썼다는 거야. 또한 초기에 자본이 거의 들지 않는 일을 택했지. 실패하더라도 손해를 줄일 수 있으니까. 뿐만 아니야. 난 직업에는 귀천이 없다고 생각했어. 그래서 남의 이목을 두려워하지 않고, 벌이가 될 만한 업종이면 가리지 않고 뛰어들 수 있었어.

그런데 사람들은 나의 근검절약 정신을 더 높게 치는 것 같더군. 사실 내게는 평생의 생활신조가 된 세 가지 원칙이 있었어. 이른바 '자계삼훈(自戒三訓)'이라는 건데, 그 내용을 듣더라도 놀라지 말기를.

첫째, 먹기 싫은 것 먹기.

둘째, 입기 싫은 옷 입기.

셋째, 하기 싫은 일 하기.

어때? 너무 심하다고? 수도자 같은 생활이라고? 맞아. 나는 젊은 시절에도 옷 한 벌 제대로 해 입지 않았어. 내가 화장품을 팔러 다니면서도 정작 내 얼굴에는 분칠 한 번 해본 적 없었어. 명절에도 제대로 쉬어본 적이 없었고.

요즘의 사고방식으로는 이해가 안 될 거야. 아마 '궁상떤다'고 비웃을 사람도 많을 거고. 하지만 그때는 본격적인 산업사회도 아니었고, 지금처럼 직업이 다양하지도 않았어. 여자들이 할 수 있는 일은 아주 제한되어 있었어. 그 시대에 여자 혼자 맨손으로 자립하고 부를 이루기 위해서는 일단 쓰지 않는 게 최선이었다니까.

맨손으로 물리친 강도

돈은 모으는 것 못잖게 지키는 것도 중요해. 내가 부자라는 소문이 나자 재산을 탐내는 사람들이 나타나기 시작했어. 마침 평양 부윤으로 '팽한주'가 부임해 왔는데, 그는 내 재산을 뺏으려고 나에게 누명을 씌워 옥에 가뒀어. 그러고는 재산을 바치면 풀어주겠다며 어르고 협박했지. 내가 호락호락 당할 리 있나? 온갖 고문에도 꿋꿋이 버텼어. 그랬더니 내고집을 못 꺾고, 뾰족한 수가 없었는지 결국 열흘 만에 풀어주더군.

나라의 관리가 이렇듯 노골적으로 뺏으려 덤빌 정도였으니 보통 사람들은 말할 것도 없었어. 집에 있는 현금을 노리고 도둑이 심심찮게 드는 거야. 그때는 은행이란 게 따로 없어서 집집마다 몰래 현금을 보관

하는 장소가 있었어. 나는 이불솜에 끼워 넣기도 하고, 자리를 들치고 방바닥에 숨겨놓기도 했어. 적은 돈은 헝겊에 둘둘 말아 버선목이나 허리춤 등 몸에 지니고 다녔고.

한 번은 강도가 칼을 들고 침입했어. 흉기를 들었으니 잘못하면 목숨이 위험할 판이야. 하지만 나는 배짱 좋게 강도의 다리를 붙잡고 늘어졌어. 절대 놓지 않았어. 이 와중에 강도가 휘두르는 칼에 이마에 큰 상처를 입고 피투성이가 되었지만 죽음을 각오하고 버텼어. 내가 결사적으로 붙잡으니까 오히려 강도가 당황하더군. 강도는 결국 팽 한주처럼 내 돈을 한 푼도 빼앗지 못하고 도망갔지 뭐야?

그 뒤로도 강도가 또 침입했지만 맨손으로 맞서는 나를 못 당해내고 줄줄이 도망치고 말았지. 자꾸 그런 일이 반복되니까 뭔가 대책을 세워야 할 것 같아서 대문, 중문, 부엌문 등 집안의 모든 문을 굵은 철창으로 막아버렸어. 어쨌든 내가 용감하긴 용감했던 것 같아. 아니, 어찌 보면 무모했는지도 몰라.

번번이 맨몸으로 강도를 막아냈다는 이야기를 듣고는 주변 사람들이 혀를 끌끌 차면서, 차라리 돈을 조금 내주지 그랬느냐는 거야. 이에 대해 내가 뭐라고 대답했을 것 같아?

좋은 일 하는 데 쓰자 해도 돈이 모자라는 세상에 칼 든 도둑놈에게까지 줄 돈이 어디 있겠는가?

내 목숨이 없어져도 내 돈만 남아 있으면 그 돈을 좋은 일에 귀하게 쓸 수 있는

데, 피땀 흘려 모은 돈을 그런 나쁜 놈에게 어떻게 내 손으로 내어 주겠는가?

내겐 나름대로 돈에 대한 철학이 있었어. 돈이란 것은 손에 움켜쥐고 만 있지 말고 좋은 일에 귀하게, 의롭게 써야 한다는 신념이 있었다고. 하지만 내 지갑에서 돈이 나오는 걸 본 적이 없는 사람들은 의아해했지. 대체 언제, 좋은 일에 쓰겠다는 것인지 궁금했던 거야. 그 궁금증은 한참 후에 풀렸어. 평생을 지독한 구두쇠로 살아온 내가 어느 순간부터 아낌없이 금고 문을 열기 시작했으니까.

잔치는 없었다!

1908년은 내가 회갑이 되는 해였어. 요즘은 평균수명이 길어지면서 회갑의 중요성이 퇴색했지만 100년 전만 해도 70살 노인이 드물었어. 환갑만 살아도 큰 경사로 여겨서 산해진미를 갖춰 환갑상을 차리고 잔치를 벌였지. 사람들은 내가 비록 구두쇠여도 환갑잔치만큼은 떡 벌어지게 할 거라 생각하고 잔뜩 기대하고 있었나 봐.

그러나 잔치는 없었어. 모처럼 부잣집 환갑잔치에 가서 푸짐하게 얻어먹으려던 이웃들은 실망이 아주 컸던 모양이야. 그런 돈도 아까워서 못 쓰는 인색한 자린고비라면서 뒤에서 욕을 많이 했지.

하지만 난 잔치판을 벌이는 대신에, 다른 일에 돈을 썼어. 낡은 나무

다리를 허물고 튼튼한 돌다리를 놓은 거야. 그 나무다리는 대동군 객산리에 있는 손뫼다리(객산교-客山橋)인데, 평양에서 서쪽으로 10리 거리 되는 보통강 지류에 있었어. 남편의 묘소에 가려면 그 손뫼다리를 건너야 했는데, 낡아서 언제 무너질지 모르는 데다 장마라도 지면 물이 넘쳐 다리 구실을 못했어. 큰 비만 내리면 주변의 교통이 끊기는 바람에 다리 보수는 주민들의 숙원사업이었지. 하지만 나라 예산이 미치지 못해서 언제 보수될 지 알 수 없었어.

나는 사실 그 일을 오래 전부터 생각해 왔었어. 이제 때가 되었다 싶었고, 환갑이 그 계기가 된 셈이야. 나는 계획을 실행에 옮기기로 하고 서울에서 석공기술자를 불러 왔어. 공사가 바로 시작되었는데 3년이나 걸려 1911년 8월에 완공되었어. 공사비용으로 2천 원(현재가치 약 1억 원)이 훌쩍 넘게 들어갔는데, 환갑잔치를 수십 번 열고도 남을 돈이었단다.

넓고 튼튼한 돌다리가 번듯하게 놓이자 사람들이 얼마나 놀라던지……. 충격을 받은 것 같기도 하더군. 하여튼 기쁨과 놀라움이 섞인 묘한 표정이었어. 그리고는 모두 입을 모아 나를 칭찬하느라고 지역 전체가 떠들썩했어. 덕분에 '벌 줄만 알고 쓸 줄은 모르는 인색한 과부'에서 '공익을 위해 거금을 내놓은 여장부'로 한순간에 내 이미지가 바뀌었지.

그 후로 몇 가지 변화가 생겼어. 우선 다리의 이름이 바뀐 거야. 손뫼다리가 어느 틈엔가 '백 과부 다리'로 불리기 시작한 거지. 사실 나는 그때까지만 해도 이름이 없었단다. 조선시대 여자치고 이름이 있는 여자가 흔치 않았어. 나도 성씨만 알려져 있어 그저 '백 과부'라 불리고 있었거든.

그리고 나에게 이름이 새로 생긴 거야. '과부'라는 말이 듣기 민망하다고 동네 유지들이 '선행(善行)'이라는 이름을 지어준 거지. '백 과부'가 환갑이 지나 이름을 얻어 '백 선행'으로 다시 태어난 셈이지. 그러면서 다리 이름도 '백선교'가 되었어. 이 일은 당시 신문에도 크게 났단다.

배짱으로 열 배의 이익을 남기다

난 몇 년 후 갑부 대열에 끼게 되었어. '큰 부자는 하늘에 달렸고 작은 부자는 부지런함에 달렸다(大富由天 小富由勤)'는 말이 있는데, 큰 부자가 된다는 것은 어떤 것일까? 착실히 농사 지어 땅을 늘리는 정도로는 큰 부자 소리를 듣기 어려워. 말하자면 복권에 당첨되는 정도의 횡재는 있어야 큰 부자가 될 수 있을 거야. 믿기 어렵지만 내게도 그런 기회가 찾아왔어. 시대를 초월해서 지금도 어느 정도 적용되는 이야기지만, 부동산 투자에는 그런 횡재의 가능성이 있기 마련이야.

70세가 다 되어가던 1917년 무렵이야. 나는 땅을 사둬야겠다는 생각이 들었어. 내가 투자할 만한 땅을 찾고 있다는 소문이 퍼지자 땅을 소개하겠다는 사람이 줄을 이었어. 인연이 되려고 그랬는지, 수많은 중개인들 중에서 난 유독 한 사람의 말에 귀가 솔깃했어. 그는 대동강 건너편에 있는 강동군 만달면의 황무지를 추천했는데, 지금은 메마른 박토(薄土: 메마른 땅, 황무지)지만 나중에 값이 오를 거라고 장담하는 거야. 난 그의 말을 듣고 선뜻 2천 평을 계약했어.

박토라는 말은 들었지만 막상 사고 보니 도저히 논밭으로 개간할 수 없는 척박한 땅이었어. 사실 그때는 농사짓지 못하는 땅은 아무 쓸모가 없었어. 게다가 가격도 엄청나게 바가지를 쓴 셈이더군. 평당 가격이 2전도 못 되는데 7~8원(100전=1원)을 주고 샀으니 말이야. 땅을 보는 안목이 낮고 투자 경험이 부족하다 보니 치명적 실수를 한 거지, 뭐.

사람들은 이 일이 재미있는지, 내가 사기꾼에게 속았다고 비아냥대더군. 내가 '망했다'는 헛소문이 돈다는 얘기도 들려왔어. 좋은 일에 쓰기 위해 돈을 지키느라 강도와 맞붙기까지 했던 나는 속으로 분했지만 중개인과 땅 주인을 찾아내 추궁하지 않고 조용히 넘어갔단다.

그런데 나중에 값이 오를 것이라던 중개인의 거짓말은 2, 3년 만에 뜻밖에도 현실이 되고 말았어. 천하의 박토가 갑자기 옥토 될 리는 없는 거고, 때 아니게 건축 바람이 불면서 땅 값이 치솟은 거야.

1910년 경술국치(庚戌國恥: 일제가 강제적으로 우리나라의 통치권을 빼앗고 식민지로 삼은 일) 이후 일본인들이 대거 들어오면서 건축업계도 그 영향을 받고 있었어. 조선은 나무와 흙을 이용한 전통식 건물이 주를 이루는데 일본은 이미 현대식으로 시멘트 건물들을 짓고 있었어. 그 바람에 서울을 중심으로 나날이 시멘트 건물이 들어서고, 시멘트 수요가 급증하고 있었던 거야.

마침 조선 땅에서 시멘트 원료를 구하던 일본인 업자 한 명이 대동강 건너편 만달산의 모래가 시멘트 제조에 안성맞춤이라는 것을 알아냈어. 그 업자는 만달산 부근에 시멘트 공장을 세우기로 하고 그 일대의 땅을 사들이기 시작했어. 땅 주인들은 어인 일인가 싶어 하면서 냉큼 팔아버렸지.

그러나 나는 팔지 않았어. 눈 밝은 일본사람들이 땅을 팔라고 하는 데는 반드시 곡절이 있을 거라 싶어 일단 거절한 거야. 그 업자가 공장을 세우려면 내 소유의 땅이 반드시 필요했던 모양이야. 업자는 마음이 급해졌고, 자연히 땅 값은 하루하루 올라갔어.

내 주변에서는 피곤하게 줄다리기 그만하고 팔아버리라고 권하는 사람도 있었지만 나는 "내 평생 누구의 말을 듣고 일한 적이 없다. 내 땅, 내가 안 팔면 그만이지, 누가 말려!" 하면서 배짱 좋게 버텼단다. 마침내 평양 부윤이 흥정에 나서서 평당 70원에 거래가 성사되었지. 열 배의 이득을 본 셈이야.

부동산 투자 테크닉 가운데 속칭 '알 박기'라는 것이 있어. 개발예정지의 일부를 사두고 원하는 값을 받을 때까지 안 팔고 버티는 거야. 황금알을 박아놓고 대박으로 부화하기를 기다린다는 뜻으로 이름이 그렇게 붙여졌어. '알 박기'는 형법상 '부당이득(不當利得: 법령을 위반하는 부당한 방법으로 남에게 손해를 주면서 얻는 이익)' 죄에 해당되므로 투자보다 투기로 보는 게 맞을 거야. 내가 한 거래는 얼핏 '알 박기'가 연상되지만, 내가 일부러 그렇게 한 게 아니라서 도덕적으로 비난 받을 이유가 없다고 생각해. 게다가 거래 상대가 제국주의 일본의 기업주니 통쾌하고 시원한 일이기도 하지.

총독부의 표창? 필요 없어!

이제 나는 거부가 되었어. 온 나라에서 나를 모르는 사람이 없을 정도였지. 하지만 나는 모든 것이 예전 그대로였어. 여전히 사치나 낭비와는 담을 쌓고 살았고, 돈이 많다고 거들먹거리지도 않았어. 또한 부자들이 흔히 하던 고리대금업(高利貸金業: 부당하게 비싼 이자를 받는 돈놀이)에도 손대지 않았고, 나 자신에겐 엄격했지만 남들에게는 후했어. 대개 물질적으로 풍요로우면 정신적으로는 황폐해지고 타락한다지만 나는 그 예외가 되고 싶었어.

그 즈음 3·1운동이 일어나 온 나라가 만세의 물결로 뒤덮였단다. 우리 민족의 저력과 독립 의지를 확인시켜 주는 사건이었으니, 나도 만세의 물결을 보고 눈시울을 적시며 감격해 했지. 나이가 일흔이 넘은 마당에 이제 나는 마침내 그동안 귀하게 쓰기 위해 아껴왔던 재산을 민족 앞에 바치기로 결심했어.

이 소식이 전해지자 신문 기자들이 집에 몰려왔어. 난 마침 허름한 차림으로 마당에 앉아 팥에서 티(먼지처럼 아주 잔 부스러기)를 골라내고 있었는데, 기자들이 옷을 갈아입고 사진을 찍자는 거야. 나는 "내 몰골 그대로 찍는 것이 옳지 않소?" 하며 거부했어. 기자들이야 내가 그렇게 버티니 어쩔 수 없었지, 뭐. 그러면 자리라도 옮기자고 하더군. 옷도 안 갈아입는 내가 자리를 옮겼을 리 없지. "나는 내 뜻에 거슬리는 일은 안 하는 사람이니 여기서 안 되겠거든 그만둡시다"라며 꼼짝도 하지 않았어. 내 고집을 못 당해내지. 결국 기자들이 자리를 옮겨가며 겨우 상반신만 찍어서 신문에 냈단다.

막상 재산을 내놓기로 결심했는데 어떤 분야에 어떻게 쓸 것인가가 문제였어. 나는 교육 분야를 택했지. 나는 정규 교육을 못 받아 무학(無學: 배운 것이 없음)의 처지였지만 교육이 민족의 장래를 가름할 변수라는 것을 잘 알고 있었거든.

당시에는 기독교 선교사들이 설립한 학교가 곳곳에 꽤 있었지만 대개 운영난을 겪고 있었어. 난 그런 학교에 논밭을 기증해 학교 운영의 토대를 마련해줬어. 우선 평양 광성보통학교에 1만 4천여 평(당시 가격 1만 3천 원)의 땅을 기증해 재단법인의 기초를 세워줬어. 나중에는 유언을 통해 일 년 수확량이 800석(현재의 80kg 기준 약 1440가마, 약 4억 원) 가량 되는 땅도 추가로 내놓았어.

숭현여학교에도 3만 원 상당의 전답 2만 6천여 평을 기증했어. 창덕보통학교에는 6천 원 상당의 밭을 내놓았는데, 이를 바탕삼아 4만 3천여 원 규모의 재단법인이 세워졌어. 아참, 평양의 숭인상업학교 재단법인에도 1만 3천 원을 보탰고 말이야.

이 모든 것이 쌀 한 가마 가격이 4~5원이던 시절의 이야기야. 쌀값을 기준으로 화폐 가치를 비교하면 당시의 1만 원은 지금으로 따지면 약 4~5억 원에 해당되는데, 자료에 따라서는 당시의 1만 원을 지금의 10억 원으로 보기도 하더군.

그래서 이들 학교에서 졸업식이 열리면 꼭 기부자인 나를 초청하곤 했어. 가면 기부자로서 훈사를 하게 되는데, 나는 아주 쉽고 간단하고 소박하게 내 생각을 전했지.

> 너희는 우리 조선의 아들이요 딸이다.
>
> 졸립다고 자지 말고 놀고 싶다고 놀지만 말고
>
> 공부하기 싫다고 책 덮어 두지 말고
>
> 언제나 책과 부지런히 씨름하여라.
>
> 윗 학교에 올라가서 어려운 공부를 더 잘해야
>
> 우리나라가 잘 된다.

나는 교육 분야 외에 사회복지 쪽으로 눈을 돌려 1925년 빈민 구제 단체에 거액을 기부했어. 그동안 여기저기 기부금을 많이 냈더니 어느 날 총독부에서 표창을 준다는 전갈이 왔더군. 내가 총독부의 표창을 받자고 한 일도 아니고, 더욱이 나라의 원수가 주는 상을 받는 것은 치욕스러운 일이기에 단호하게 거절했지. 이 일이 또 소문이 나면서 사람들이 나더러 "과연 백 선행!"이라고들 하더군.

부자에 머물지 않고 의인으로 남아

이제 어느덧 나이 여든을 앞두게 됐어. 죽을 날이 얼마 안 남았다 싶고, 이제 마지막으로 무언가 의미 있는 일을 하고 싶었어.

마침 민족지도자 조만식 선생이 공공건물이 필요하다는 얘기를 하는 거야. 난 그 말을 듣고 그 자리에서 바로 결단을 내렸어. 평양 시내에 공회당(公會堂: 일반 대중이 모임 따위를 할 때 사용하기 위하여 지은 집)과 도서관을 지어 헌납(獻納) 하기로 했지. 예상 공사비 4만 원에 설계도 제작에만 3천 원이 들어가는 큰 공사였어. 조만식 선생은 설계도 제작비용이 우선 필요하니까 내게 설계도의 필요성을 열심히 설명하더군. 돈이 얼마가 들어가든 필요한 일이면 해야 되지 않겠어? 나는 조 선생의 설명을 다 듣지 않고 "그 집을 짓는 데 그 도면이 반드시 필요하다면 싸고 비싼 것을 따질 일이 됩니까?" 하고 바로 현금을 내놓았어.

공사는 1927년 3월에 시작되어 다음 해 9월에 끝났어. 하다 보니 2만 원의 예산이 추가되는 바람에 전체 경비가 총 6만 6천 원이 들어갔지(공사비에 대한 자료도 문헌에 따라 조금씩 차이가 있어서 14만 원 이상이었다고도 함).

이 평양 공회당은 3층 석조 건물로 대동강 가에 세워졌어. 평양 사람들이 이 건물을 아주 좋아하는 바람에 사람들의 발길이 끊이지 않았고, 다들 내 이름을 따서 '백선행 기념관'이라고 불렀어.

게다가 1930년 평양의 지도급 인사들이 '백선행 여사 찬하(贊賀: 두 손바닥을 마주 대어 손을 가슴에 모으고, 경사스러운 일을 축하함)회'라는 자리를 마련하고 내 동상을 세우겠다고 하는 거야. 평양 말고 다른 곳에서도 비슷한 기념행사들이 열렸고 동상 건립 모금이 진행되었지. 2년 후인 1932년 기념관 앞에 동상이 세워지게 됐어. 내 동상을 보니 얼마나 쑥스럽던지……

이제 죽음이 임박했다는 생각이 들었어. 나는 형편이 어려운 친지들과 빈민들에게 재산을 골고루 나눠줬어. 그리고 1933년 5월의 어느 날, 남편과 합장해 달라는 유언을 남기고 86세의 나이로 눈을 감았지.

'백선행 기념관'에는 아침부터 조문객이 줄을 이었어. 그리고 장례식이 우리나라 여성 최초의 사회장으로 치러졌으니 나로서는 이만저만한 영광이 아니야. 조만식 선생을 비롯한 애국지사들과 수천 명의 시민들이 참석하였고, 특히 내가 학교 운영의 기틀을 세워준 광성보통학교, 숭인상업학교, 숭현여학교, 창덕보통학교는 모두 휴교를 하고 전교생이 참석했으니 이런 고마울 데가……. 이런 자랑 좀 우습지만, 장례 행렬 길이가 2km나 되었고, 평양 시내에서 보통강 건너편에 이르는 길가에 10만 명의 시민이 나와, 내가 가는 마지막 길을 지켜보았으니 평양시가 잠시 마비되지 않았나 싶네.

극빈자에서 거부가 된 내 드라마틱한 일생이 참 흥미롭지? 그 시절 나보다 더 부유한 사람도 많았고, 특히 친일의 대가로 재산을 불린 이들도 많았지만, 내가 사람들의 칭송을 받은 이유는 사회를 위해, 민족을 위해 통 크게 돈을 썼기 때문일 거야. 돈이면 귀신도 부린다지만, 나는 손에 쥔 돈을 놓아버림으로써 더 큰 것을 소유할 수 있었어.

2008년 9월 사망한 배우 폴 뉴먼(대표작: 〈스팅〉, 〈내일을 향해 쏴라〉)은 생전에 "나같이 운 좋고 혜택 받은 사람은 불우한 사람들을 위해 베풀어야 한다"며 자신이 설립한 회사의 수익 전체를 자선사업에 기부했다지? 평생 모은 재산을 사회에 내놓는 김밥할머니들의 소식도 종종 듣고 있어. 기부한 액수의 많고 적음을 떠나 이들의 공통점도 나처럼 돈에 대한 욕망을 넘어섰다는 데 있지 않을까?

사람이 거부 소리를 듣기는 쉽지 않아. 하지만 선행으로 유명해지기는 더 어렵지. '돈'의 노예로 살 것인가, 단 몇 푼이라도 빛나게 쓰며 살 것인가는 전적으로 자신의 선택에 달린 문제란다.

사람 목숨부터 살리자며
자선사업에 힘쓴 거상

김만덕

1739년 제주에서 태어났다. 어려서 고아가 되어 기녀의 수양딸로 자라나 관기 생활을 하다 장사에 뛰어들어 성공하였다. 흉년이 들어 제주백성이 기아에 허덕일 때 전 재산을 내놓아 구휼미(救恤米: 재난을 당한 사람이나 빈민을 돕는 데 쓰는 쌀)를 베풀었다. 또한 이를 기특히 여긴 임금이 소원을 말해보라고 하자 대궐 구경과 금강산 유람을 청하여, 제주도민에 대한 출륙(出陸)금지령을 깨고 당당히 뭍에 올라 임금을 알현(謁見: 지체가 높고 귀한 사람을 찾아가 뵘)했다.

될 때까지 시도한다!

"소녀는 본디 양가 출신이온데 집안 형편상 부득이 천기가 되었사옵니다. 더 이상 돌아가신 조상님과 부모님께 누를 끼칠 수 없사오니 소녀의 청을 부디 들어주시옵소서."

"네 억울한 심정은 알겠다만 한번 기생이 되면 도로 양인이 될 수 없다는 것을 너도 잘 알지 않느냐. 한두 번도 아니고……. 너도 참으로 끈질기구나. 정 기생 노릇하기가 싫거든, 내가 덕망 높고 점잖은 선비의 첩실 자리를 한번 주선해 볼 테니 그렇게 팔자를 고쳐보도록 하여라."

"말씀드리기 송구스러우나 소녀가 첩실이 되고자 마음먹었으면 진작 그리 되었을 것이옵니다."

"허허, 그건 그렇겠구나. 만덕이 너 정도라면 그런 자리는 얼마든지 골라서 갈 수 있을 것이니."

"먹고 살 방도가 없어서, 또는 팔자를 고쳐보려고, 이런 청을 드리는 것이 아니옵니다. 양인 신분을 되찾는 건 제 자존심의 문제이옵니다. 만일 저를 기적(妓籍: 기생들을 등록해 놓은 대장, 리스트)에서 빼주신다면 몰락한 집안을 다시 일으키고 선행을 많이 베풀겠사옵니다. 저 역시 가난 때문에 기녀의 양딸로 들어간 처지라 불쌍한 사람들을 보면 그저 돕고 싶은 마음뿐이옵니다."

"허허, 미천한 몸이나 뜻은 가상하구나. 음……. 내, 너의 청을 다시 검토해 볼 것이니, 집으로 돌아가 기다려라."

제주목사 신광익을 다시 어렵게 알현한 자리에서 나는 이번엔 약간 긍정적인 답을 들을 수 있었어. 눈물을 흘리며 간청하는 데다 선행을 많이 베풀겠다고 하니까 목사도 감동을 받았는지 마음이 흔들리는 것 같았어. 하지만 낙관은 금물! 나는 결과를 하늘에 맡기고 담담한 마음으로 기다렸어.

얼마 후 관청에서 기별이 왔는데 진심이 통했던지, 세상에, 내 진정이 받아들여진 거야! 드디어 김만덕이라는 이름 석 자가 제주 관청의 기녀 명단에서 지워졌다는 거야! 이런 꿈같은 일이 생기다니! 난 믿을 수가 없어서 내 볼을 수십 번도 더 꼬집어 봤어. 아팠어. 현실인 거야. 이제는 그간의 설움이 북받치면서 눈물이 펑펑 쏟아졌지.

기생은 곧 천기(賤妓: 천한 기생)라 해서 멸시와 천대를 받았어. 철저한 신분제 사회에서 집안이 몰락해 기생이 되었다 해도 원래 신분으로 돌아가는 건 거의 불가능한 일이었어. 물론 나라에 큰 공을 세운다든가 해서 신분이 상승되는 경우가 있긴 했지만, 이처럼 특별한 공로도 없이 원래 신분을 회복한 경우는 조선 500년 역사상 전무후무(前無後無: 이전에도 없었고 앞으로도 없음)할 거야. 특히 관기(官妓: 궁중 또는 관청에 속하여 가무(歌舞), 기악(技樂) 따위를 하던 기생)는 관청의 재산 같은 신분이라 더욱 기대하기 어려운 일이었거든.

그럼 양가 출신인 내가 도대체 어떤 기막힌 사정이 있어 기녀가 된 건지 궁금하지? 난 1739년(영조 15) 제주에서 태어났고, 부모님과 두 오빠와 함께 단란하게 살았어.

하지만 열 살 무렵 전염병으로 부모님이 돌아가시자 우리 삼남매는 졸지에 고아가 되어 뿔뿔이 흩어졌어. 오빠들은 친척집에 목동(牧童: 풀을 뜯기며 가축을 치는 아이)으로 가고 나는 어느 나이 많은 기녀의 수양(收養)딸(남의 자식을 데려다 제 자식처럼 기른 딸)로 가게 됐어. 그때부터 내 운명은 정해진 거나 마찬가지였어. 기녀의 딸은 기예를 익혀 어머니의 대를 잇기 마련이었거든. 게다가 내가 얼굴이 예쁘장하고 노래와 춤에도 제법 소질이 있었으니 더더욱 기생이 되는 것을 피할 수 없었지.

내가 관기 생활을 시작한 건 열다섯 살 무렵이야. 용모가 곱고 가무에 능하다고 곧 명기 소리를 듣기 시작했고, 관청과 양반집의 잔치마다 빠짐없이 불려갈 정도로 인기가 있었어. 자태가 곱다고 서울에서 내려온 고위 관리들도 잔치 자리에서 나를 보고는 감탄했으니 말이야.

하지만 정작 나는 한 번도 나 자신을 기녀로 생각해본 적이 없었어. 난 본래 양인의 신분이라는 사실을 잊을 수가 없는 거야. 고아가 되는 바람에 하루아침에 신분이 하락한 셈인데 평생 천대 받으며 살아야 하는 운명이 도저히 받아들여지지 않았던 거지. 나중에 채제공이 쓴 「만덕전」에도 "만덕은 비록 머리를 숙이고 기녀 노릇을 했지만 기녀로 자처하지는 않았다"는 기록이 나와.

기녀 노릇을 하면서 난 끊임없이 갈등을 느껴야 했어. 이것이 내 본래의 모습은 아니다 싶었으니까. 현실 속의 내 모습과 내가 자신에 대해 갖고 있는 자아상이 달랐던 거야.

무수한 갈등과 고민 끝에 나는 계속 이렇게 살 수는 없다는 결론을 내렸어. 죽이 되든 밥이 되든 일단 시도해 보기로 한 거야. 설령 실패하더라도 손해날 것도 없었지.

스물세 살 되던 해에 난 드디어 관아에 청을 올렸어. 기녀 명단에서 빼달라고 말이야. 물론 거절당했지. 처음부터 쉽게 되리라 생각지도 않았어. 하지만 나는 좌절하지 않고 끊임없이 청을 올렸어. 신분을 회복시켜 달라고, 그래야만 한다고. 조리 있게 설명하며 제주목사를 끈질기게 설득했지. 그런데 그것이 결국 통한 거야. '우는 아기에게 젖 준다'는 속담이 맞긴 맞는 모양이야.

그리고 한 가지 더! 만약 내가 단순히 기생 노릇을 그만두는 게 목적이었다면 양반의 첩으로 들어가 사는 길을 택했을 거야. 이는 기생들의 공통된 희망사항이었는데, 첩이 되면 비록 인간 대접은 못 받아도 생계는 보장되었기 때문이지. 하지만 나는 그러고 싶지 않았어. 이제 기적에서 벗어나 내가 어떤 길을 걸어갔는지 잘 봐봐!

결혼을 위한 결혼은 하기 싫어

다시 양인이 된 후 내 생활에는 어떤 변화가 생겼을까? 일단 나는 혼자 살기로 결심했어. 당시에 양반이든 양인이든 여자가 독신으로 산다는 건 있을 수 없는 일이었건만, 나는 개의치 않았어. 독신주의에 대한 신념이 있어서라기보다는 일단 제주 남자들 중에서는 제대로 된 신랑감을 찾기 힘들었기 때문이야.

제주가 대체 어떤 곳이기에 그렇게 되었느냐고? 그럴 만한 배경이 있었어. 제주는 본토에서 멀리 떨어진 섬이라 오랜 기간 유배지로 취급되어 왔어. 게다가 제주 사람들은 늘 진상(進上: 진귀한 물품이나 지방의 토산물 등을 임금이나 고관에게 바침)과 부역(賦役: 국가나 공공단체가 특정한 공익사업을 위하여 보수 없이 국민에게 의무적으로 책임을 지우는 노역)에 시달렸고 관리들의 수탈까지 심했지. 한마디로 살기 어려운 곳이었다는 얘기야. 그러니 이를 견디다 못해 육지로 도망친 남자들이 수도 없이 많았어. 오죽하면 『중종 실록』에 "제주 사람들은 해산물로 살아가는데, 진상하는 수량이 많아 백성들이 지탱하지 못하고 도망가고 흩어지니 진상하는 수량을 감함이 옳습니다"라고 탄원한 기록이 남아있겠어.

그래서 16세기 후반 이래 늘 남자가 여자보다 부족했어. 만성적인 성비 불균형 상태라고 할까. 결국 제주에는 1629년 출륙금지령(제주도를 벗어나 육지로 나가지 못하게 하는 명령)이 내려져 200여 년간이나 지속되었어. 이 명령은 여자에게 더욱 엄격하게 적용되었어. 그러니 제주 여자들은 마음에 드는 남자를 구하기 위해 뭍(섬이 아닌 본토)으로 나갈 형편도 못되었어.

그러니 제주 남자들은 첩을 몇 명씩 거느리고 편하게 살았어. 물론나도 결혼생활을 원한다면 그렇게라도 할 수 있었지만 난 그렇게는 살기 싫었어.

결혼에 대한 생각을 접은 나는 이제 경제적 기반을 다지는 데로 눈을 돌렸어. 안 그래도 제주 여자들은 일찍부터 경제활동에 뛰어들 수밖에 없었어. 제주는 농사를 지을 수 있는 땅이 전체 면적의 30%도 안 되어 옛날부터 농사보다 해산물 채취로 먹고 살아왔거든. 게다가 남자들이 배를 타고 바다로 나가있는 동안 여자들이 살림살이를 떠맡다 보니 생활력이 강해질 수밖에 없었지.

난 장사를 하기로 결심하고, 그동안 모아둔 돈을 밑천삼아 포구(浦口: 배가 드나드는 목의 어귀)에 객주를 차렸어. 객주는 상인들에게 숙식을 제공하고 상인들의 물건을 맡아 팔거나 흥정을 붙여 주는 집이야. 숙박업과 위탁 판매업을 겸한다고 보면 돼. 그래서 교통의 요지나 유통의 중심지에는 객줏집들이 많이 있었지.

내가 차린 객주에는 손님들이 꽤 많았어. 명기로 이름을 날렸던 덕분에 상인들뿐만 아니라 관리들까지 찾아와 장사가 날로 번창했거든. 객주 주인들로서는 원만한 비즈니스를 위해 아전(衙前: 중앙이나 지방의 관아에 속한 하급 공무원)이나 수령 등 관리들과 친하게 지낼 필요가 있었는데, 난 관기 생활을 하면서 관리들과 이미 친해진 상태여서 더더욱 유리했어.

제주의 객주에는 제주 특산물을 거래하는 육지 상인들도 전국에서 몰려들고 있었어. 당시 조선에서는 상업과 수공업이 발달하면서 보부상(褓負商: 물건을 보자기에 싸서 메고 다니며 파는 봇짐장수와 등에 지고 다니며 파는 등짐장수를 통틀어 이르는 말) 중심의 유통 경제가 싹 트고 있었거든.

나는 이들 장사꾼들을 상대하면서 차츰 물건의 유통 과정과 교역에 대해 눈뜨게 됐어. 그러는 한편으로 장사가 어떤 것인지 '감'을 잡게 되었지. 상인들이 어디서 이윤을 취하는 것인지, 말하자면 상업의 본질이 무엇인지 어렴풋이 깨달은 거야.

그러자 눈앞에 신천지가 열리더군. '시장'을 보는 눈이 생겨난 거야. 당장 제주의 다양한 특산물이 눈에 들어왔어. '양태'는 갓의 챙 부분을 이루는 것인데, 당시 제주에는 양태의 재료가 되는 양죽(涼竹)이라는 대나무가 많아서 이 양태가 많이 생산되고 있었어. 개성상인들이 이 양태를 싼 값에 사들여 전국에 독점 공급하며 엄청난 수입을 올리고 있었지. 그러고 보니 이런 식으로 장사의 묘를 잘 살리면 제주 특산물을 지금보다 더 높은 값에 내다팔고, 제주에서 비싸게 거래되는 육지 물건도 좀 더 싼 값에 들여와 팔 수 있겠다 싶었어.

이렇게 장사로 돈을 버는 이치를 터득했지만 그렇다고 해서 어떻게든 이익만 많이 올리면 된다는 식으로 생각하지는 않았어. 난 나름대로 몇 가지 원칙을 세웠지.

첫째, 이익을 적게 남기고 많이 판다.
둘째, 적정한 가격으로 판매한다.
셋째, 정직과 신용 본위로 한다.

첫째 원칙은 말 그대로 박리다매(薄利多賣) 전략이야. 이윤이 적어도 사는 사람이 많으면 이익은 마찬가지거든. 게다가 단골까지 늘릴 수 있으니 일석이조란다. '싼 게 비지떡'이라는 소리가 안 나오도록 품질이 좋은 물건을 팔아야 하는 건 물론이지.

둘째 원칙은 이익을 취하되 상식적이고 합당한 정도의 이윤을 붙이겠다는 거야. 눈앞의 이익에 어두워 폭리를 취하는 것은 어리석은 짓이지. 상대방으로부터 원망이나 반감을 사지 않아야 오래오래 거래할 수 있거든.

셋째 원칙은 지극히 당연한 덕목이지만 제대로 지켜지지 않고 있지. 그러니 제대로 실천만 한다면 금방 사람들의 신망을 얻을 수 있단다.

명기에서 재력가로의 대변신

나는 이러한 원칙을 늘 마음속에 지니고 장사에 임했어. 주로 전라도 상인들과 거래했는데, 우선 제주에서 농한기에 부녀자들이 만드는 망건 등의 수제품과 특산물인 말총, 양태, 미역, 전복, 우황, 진주, 귤 등을 적당한 값에 사두었다가 육지 상인들에게 싸게 팔았어. 한편 제주에서 나지 않는 육지 산물도 들여와 제주 사람들에게 팔았어. 쌀·지물·유기·잡화·약재 등의 물건과 양반층 부녀자들이 좋아하는 옷감·장신구·화장품 등을 골고루 취급했어.

내가 마음에 간직한 원칙들이 사람들에게 통했던지 거래량은 날로 늘어났고 그럴수록 소문이 나는 바람에 나와 거래하고 싶어 하는 상인들은 더 늘어났어. 취급하는 물건들도 점점 다양해져서 한번은 한라산에 흔하던 사슴으로 녹용 장사를 해 쏠쏠한 이익을 남기기도 했고, 난초 재배로 큰 재미를 보기도 했어.

뿐만 아니야. 나중엔 배를 여러 척 거느리고 해운업에까지 뛰어들었고, 상인들에게 창고를 빌려주고 급전을 빌려주기도 했지. 창고업과 금융업까지 겸했으니 요즘으로 치면 업종 다각화에 '원스톱 서비스(One-stop service)'를 구현한 셈이야. 장사 시작한 지 10여 년, 어느새 나는 제주의 내로라하는 거상이 되어 포구의 상권을 손에 쥐다시피 하게 됐어.

이렇게 한 번의 실패도 없이 눈부시게 성공한 걸 보면 확실히 운이 좋았던 것 같아. 하지만 주변에서 나를 부러워하고 칭찬하는 사람들 얘기를 들어보니 내가 가진 몇 가지 장점이 톡톡히 발휘된 것 같았어. 일단 내게는 사업성이 있는 것을 찾아내는 감각이 있었지. 또한 가능성이 보인다 싶으면 시도해보는 도전 정신과 배짱도 있었어. 물론 제주 여자들의 생활력이야 알아주었지만 그때만 해도 여자가 직접 객주로 나서서 상인들과 거래한다는 것은 어쨌든 모험심을 필요로 하는 일이었거든. 물론 억척스러운 데가 있으니까 객주로 나설 생각을 한 것이고. 왜냐하면 움직인 만큼 이익을 보는 것이 장사이니, 부지런을 떨지 않을 수가 없거든.

거기에 더해 내 장사 수완도 한 몫 했을 거야. 물가 변동에 따라 물건을 쌓아두거나 유통시키면서 수급을 조절해 시세 차익을 많이 챙겼거든. 물론 이를 비난하는 사람들도 있을 수 있어. 중간에서 유통업자들의 매점매석 행위로 생산자와 소비자 모두 피해를 보는 일이 흔하니까 말이야. 문제는 그것이 윤리적으로 비난 받을 정도였는가 하는 것인데, 내가 간직한 원칙들 중에서 특히 적정한 이윤을 강조한 대목을 떠올려 보면, 내가 그렇게 상도의에 어긋나게는 안 했으리라는 걸 짐작할 수 있지?

이렇게 사업이 성공하면서 재산이 날로 늘어나 이제 나는 제주에서 소문난 갑부가 되었어. 옛날에 명기로 이름을 날리던 내가 이제는 손꼽히는 재력가(財力家: 재산이 많은 사람)가 되고 여류 명사(名士: 세상에 널리 알려진 사람)가 된 거야. 그런데도 나는 검소하게 생활했어. 먹는 것, 입는 것 모두 소박했고, 늘 아끼고 절약했어.

사실 내 이야기가 여기서 끝난다면 그저 자수성가한 여자의 평범한 성공 스토리에 불과했을 거야. 그러나 얼마 후 내 이름은 제주 섬을 넘어 서울에까지 알려졌고, 나는 당대의 문인과 고관대작(高官大爵: 높은 지위나 벼슬에 있는 사람)들이 만나고 싶어 하는 유명인사가 되었어.

만덕이 우리 목숨을 살렸다!

제주는 1792년부터 흉년이 들어 식량사정이 최악이었어. 안 그래도 땅이 척박해 논농사는 꿈도 못 꾸고 밭농사가 중심이었는데 그마저도 흉작이 계속되니 굶주리는 이가 한둘이 아니었어. 특히 1794년에는 상황이 더욱 심각해서 굶어 죽는 사람이 마을마다 넘쳐났어. 그해 농사는 그럭저럭 지었는데 수확을 앞두고 엄청난 태풍이 닥친 거야. "온 섬을 비로 쓸어버릴 것 같아서 어디가 어디인지 구별할 수 없을 정도"라는 기록이 있을 정도니까. 기왓장이 날아갈 정도의 무서운 강풍에 바닷물까지 덮치는 바람에 곡식이 다 쓰러져 일 년 농사가 헛수고가 되고 말았지. 식량난이 심각하자 결국 제주목사는 조정(朝廷: 임금이 나라의 정치를 신하들과 의논·집행하는 곳, 현재의 정부)에 위기 상황을 보고하고 구휼미 2만 섬을 요청했어.

다음 해 2월, 조정에서 우선 곡물 1만 1천 섬을 내려 보냈는데 거친 바닷길이 800리(약 320km)나 되는 바람에, 수송선 12척 가운데 5척이 난파되고 말았어. 게다가 춘궁기(春窮期: 묵은 곡식은 다 떨어지고 햇곡식은 아직 익지 아니하여 식량이 궁핍한 봄철의 때)까지 겹쳐 곳곳에 굶어 죽은 사람들의 시체가 나뒹굴 정도였어. 제주 인구가 6만 4000여 명이었는데 그때 3분의 1이 굶어 죽었단다. 산 사람도 살아 있다고 할 수 없었고, 그저 죽을 날만 기다리는 상태였어. 제주가 죽음의 섬, 사자(死者)들의 섬이 되어 가고 있었지.

나는 백성들의 참상을 목격하고 결심했어. 장롱 속에 깊숙이 간직해 둔 돈을 꺼내 보니 1천금 가량이 되는 거야. 나는 전 재산을 털어 백성들에게 먹일 곡식을 사오기로 하고 배를 준비시켰어. 또한 풍랑에 배가 좌초되면 안 되니까 노련한 뱃사공들을 불러 모았어.

"자네들도 알겠지만 지금 사람들이 죽어가고 있네. 양곡만 있으면 다들 살아날 목숨 아닌가. 어서 뭍으로 나가 이 돈으로 곡식을 사오게. 사람들 명줄이 자네들에게 달려 있네. 명심하게."

하늘이 도왔던지 배는 쌀 500섬을 싣고 무사히 도착했어. 이제 이 귀한 쌀을 어떻게 쓰고 어떻게 분배할 것인가가 문제였는데, 나는 우선 50섬을 친척들과 평소 신세 진 사람들에게 보내고 나머지 450섬 전부를 관아에 구휼미로 보냈어. 관아에서는 행여 조정에서 곡식을 보낸다는 연락이 오려나 초조하게 기다리고 있다가 갑자기 나타난 쌀가마 행렬을 보고 눈이 휘둥그레졌지. 놀라움은 곧 기쁨으로 바뀌었고.

물론 관리들보다 더 기뻐한 이들은 백성들이었어. 소식을 듣고 달려온 사람들로 순식간에 인산인해(人山人海: 사람이 수없이 많이 모인 상태를 이르는 말로 사람이 산을 이루고 바다를 이루었다는 뜻)가 되었으니까 말이야. 퀭한 눈에 피골(皮骨: 살가죽과 뼈)이 상접(相接: 서로 한데 닿거나 붙음)한 사람들, 그들의 누렇게 뜬 얼굴에 비로소 화색(和色: 얼굴에 드러나는 온화하고 환한 빛)이 돌기 시작했단다. 살 수 있다는 희망 때문이었을 거야. 그들은 조정에서 보낸 구호곡인 줄 알고 있다가 내가 마련한 것임을 알고는 입을 모아 나를 칭송했어. 만약 내가 거기에 있었더라면 하늘 높이 헹가래라도 쳤을 거야.

"만덕이 우리 목숨을 살렸다! 만덕은 우리들 생명의 은인이다!"

임금의 초대로 제주 섬을 벗어나

자, 이제 그 곡식으로 어느 정도 급한 불은 끌 수 있게 되었어. 그 일 이후로 제주에서는 어디 가든 내 얘기뿐이었어. 생각해 봐. 보통 일이 아니거든. 양반도 아닌 양인(良人: 양반과 천민의 중간 신분으로 천한 일에 종사하지 아니하던 백성)이, 그것도 남자도 아닌 여자가 그렇게 큰돈을 썼으니 말이야.

관리들 눈에도 내가 퍽 장해 보였던 모양이야. 그렇다고 해서 논공행상이 바로 공평하게 이루어진 것은 아니었어. 당시 제주 사람 중에서 구휼미를 낸 사람이 나 말고도 몇 명 더 있었는데, 당시 제주목사 이우현이 조정에 보고하는 과정에서, 300섬을 낸 고한록과 100섬씩을 낸 홍삼필, 양성범만 들어가고 나에 관한 이야기는 어찌된 영문인지 쏙 빠졌거든. 참 이상하지? 물론 보고를 접한 임금(정조)은 이들을 가상히 여겨 관직을 높여주라고 명을 내렸지. 내가 무슨 대가를 바라고 한 것은 아니었으니 이 일에 별로 신경을 쓰지는 않았지만 말이야.

임금이 내 이야기를 알게 된 건 한참 후의 일이야. 제주목사의 장계를 받아본 정조는 깜짝 놀랐어. 꼭 곡물의 양을 갖고 공의 우열을 따질 수는 없는 거지만, 300섬을 낸 '양반 남자'보다 500섬을 낸 '양인 여자'가 몇 십 배 더 기특해 보이는 건 당연한 일 아니겠어? 게다가 누가 시켜서 한 것도 아니고 남의 이목이 두려워 억지로 한 것도 아니니 더욱 장하게 보였겠지.

나라에서 못한 일을 대신 한 셈이므로 큰 상을 내려야 맞는데, 임금은 슬슬 고민이 되었던 모양이야. 보통은 벼슬을 올려주거나, 천민이면 면천(免賤: 천민의 신분은 면하고 평민이 됨)을 해주거나 하는 식으로 처리했는데, 이번에는 상으로 내릴 만한 게 마땅치 않았기 때문이지. 생각 끝에 임금은 제주목사에게 나를 불러 소원을 물어보고 어렵고 쉬움을 따지지 말고 특별히 시행하라고 명을 내렸어.

"자네에게 소원이 있으면 특별히 들어주라는 어명일세. 그래, 바라는 바가 있으면 주저 말고 말해보게. 생각할 시간이 필요하면 며칠 말미를 주겠네."

"다른 소원은 없사옵니다. 다만, 이 몸이 죽기 전에 꼭 가보고 싶은 곳이 두 군데 있습니다."

"허허, 가보고 싶은 곳이라? 설마 육지로 나가겠다는 말은 아니겠지? 일단 들어나 보세."

"우선 한양에 가서 나라님이 계시는 대궐을 우러러 보고 싶사옵니다. 또, 강원도에 있는 천하명산 금강산의 일만 이천 봉우리도 구경하고 싶사옵니다."

"무엇이라? 한양? 금강산?"

목사는 허를 찔린 듯한 얼굴이었어. 상금을 내려달라거나 사업에 도움이 될 만한 이권(利權: 이익을 얻을 수 있는 권리, 특혜)을 부탁할 줄 알았는데, 전혀 예상치 못한 답변이 나왔기 때문일까? 문제는 그것이 불가능에 가까운 소원이라는 거지. 출륙금지령이란 것 때문에 제주 사람, 특히 제주 여자가 육지로 나가는 것은 엄격히 통제되고 있었거든. 물론 임금이 직접 나선다면 가능한 일이지만 말이야. 내 소원을 들어주기 위해 목사로서 국법을 어길 수는 없었어. 그건 권한 밖의 일이니까. 목사는 일단 내 소원을 그대로 보고했는데, 임금은 소원의 내용에 약간 고개가 갸웃거려지긴 했지만 마음만 먹으면 그리 어려운 일이 아니므로 쾌히 승낙해줬어.

1796년, 내 나이 58세 때 난 드디어 제주 섬을 벗어나 육지를 밟아 보았어. 임금의 초대로 길을 떠난 셈이니 전라도, 충청도, 경기도를 거쳐 서울까지 가는 여정에서 난 보통 사람은 꿈도 못 꿀 특전(特典: 특별히 베푸는 은혜)을 누렸어. 임금이 내린 말을 타고, 왕명을 받든 관리의 안내를 받으며, 관아에서 숙식과 말 먹이와 여비까지 제공 받았지. 조선시대에 임금으로부터 이렇게 융숭한 대접을 받은 평민 여성이 나 말고 또 있었을까?

서울에서 뉴스메이커가 되다

서울에 도착한 건 그해 가을이야. 그리고 내 이야기가 『조선왕조실록』에 기록된 것도 그 무렵이지. 너무 간단한 것이 좀 유감이긴 하지만,

실록에 기록되었다는 것은 의미하는 바가 아주 크단다.

> 제주 목사가 기생 만덕이 재물을 풀어서 굶주리는 백성들의 목숨을 구했다고 보
> 고했다.
> 상을 주려고 하자 만덕은 사양하면서 그 대신 바다를 건너 상경하여 금강산을
> 유람하기를 원했다.
> 왕은 그 소원을 허락했으며, 주변 고을들로 하여금 만덕에게 양식을 지급하게 했다.
>
> ─정조 20년(1796년) 11월 25일

임금과 문무 대신들이 보더라도 내가 한 행동은 내 사회적 신분에 비
춰볼 때 그만큼 놀라운 거였어. 일단 아녀자(兒女子)라는 말마따나, 여
자는 으레 소견머리 없고 아량이 좁다는 식의 고정관념이 있었거든. 게
다가 평민이라면 기초 교육을 받지 못해 의식 수준이 낮을 거라는 편견
이 있었던 게 사실이야. 뿐인가, 잠시나마 천민으로 기녀 노릇을 한 적
도 있다니, 더더욱 충격을 받은 거지. 내가 베푼 쌀 오백 섬이 케케묵은
여러 고정관념들을 깨뜨린 셈이지?

난 서울에 도착해서 먼저 영의정 채제공을 만났어. 이 소식을 전해들
은 임금이 나를 직접 만나보고자 했는데, 궁궐의 법도로는 평민이 왕
을 직접 알현할 수 없어서 임시로 내의원 소속 의녀반수(醫女班首: 수석
여의, 여의 중에서 가장 높은 직위)라는 벼슬을 받고 입궐했지.

궁에 들어가 임금에게 인사를 올리자 임금이 "너는 일개 여자의 몸으

로 의기(義氣)를 내어 굶주린 자 천백여 명을 구제하였으니 기특한 일이로다"라며 비단 다섯 필을 상으로 내렸단다.

한 가지 소원은 이루어졌으니 이제 금강산으로 떠날 준비를 하려는데, 마침 추운 겨울이라 시기상 안 좋았어. 하는 수 없이 다음 해 봄에 떠나기로 하고 몇 달을 궁궐에서 지냈는데, 그새 내 이야기가 알려져 수많은 양반들과 고관대작들이 다들 나를 만나보고 싶어 했어. 그야말로 장안(중국 한나라, 당나라의 수도였던 지역, 일반적으로 수도·서울을 지칭)의 스타가 된 거야. 게다가 인간 취급을 못 받던 기생들도 내가 기녀 생활을 했었다는 사실에 위안을 받고 자부심을 느꼈던 모양이야. '홍도'란 기생이 지은 시가 전해지고 있을 정도니 말이야.

행수 의녀는 탐라의 기생이라
만리 길 높은 파도도 겁내지 않네.
이제 또 금강산으로 구경길 떠나며
꽃 같은 이름 교방에 남기네.

나는 서울에 있는 내내 뉴스메이커였어. 한 번은 이런 일도 있었는데, 내가 돈 많은 과부라는 소문을 듣고 건달들이 접근해오는 거야. 내가 그런 사람들에게 호락호락 넘어갈 리가 없지.

"내 나이 쉰이 넘었다. 저들은 내 얼굴을 곱게 봐서가 아니라 내 재물이 탐나서 저런다. 굶주린 자를 구할 여유도 없는데 어느 겨를에 저런

탕자를 살찌우랴?"라며 단호하게 물리쳤다는 이야기가 조선학자 이재
채의 『오원집』 중 「만덕전」에 실려 전해진단다.

CEO보다는 인도주의자로 기억되기를

해가 바뀌고 봄이 되어 그토록 고대하던 금강산 유람 길에 올랐어.
왜 하필 금강산이었느냐고? 당시 양반들 사이에선 금강산 여행이 붐이
었어. 당대의 문인들이 금강산 유람 후 기행문을 남기곤 했지. 금강산의
절경은 이웃 나라에도 명성이 높았어. 중국에서 온 사신들도 구경하고
싶어 해서 조정에서 난감해할 정도였으니까.

드물긴 하지만 여자가 금강산에 가는 일도 있긴 있었어. 주로 불공을
드리러 절에 가는 경우였는데, 남녀가 유별하던 때라 세종 때는 외국
사신과 양반가 부인이 맞닥뜨리는 일이 없도록 부인들의 금강산 사찰
왕래를 금하기도 했어. 하지만 금지 명령에도 불구하고 태종의 넷째 아
들 성녕대군의 부인이 문종 때 금강산에 오른 기록이 있단다. 또 한참
후인 1830년에는 김금원(본 책 2부 02 참조)이 남장을 하고 유람한 후 기
행문을 남기기도 했지.

나도 마찬가지야. 금강산 이야기를 전부터 여러 번 들어왔기에, 중국
인들도 소원한다는 금강산 구경을 별러왔었어. 나는 우선 내금강의 으
뜸으로 꼽히는 만폭동 계곡을 보고, 유점사를 거쳐 고성으로 내려가

삼일포에서 배를 타고 총석정을 둘러본 후 서울로 돌아오는 코스를 택했어. 물론 임금의 명을 받은 강원 관찰사가 특별히 편의를 제공해줘서 내내 편하게 여행할 수 있었어.

다시 서울에 돌아온 나는 이제 제주로 돌아가기로 하고 두루 다니며 하직 인사를 올렸어. 중전과 세자빈은 기특하다며 또 한 번 큰 상을 내렸고, 채제공을 비롯한 정승과 문인, 학자들은 나의 선행을 기리는 시문을 선물해주었지. 특히 채제공은 자신이 직접 지은 「만덕전」을 내게 주었는데, 그 전문이 채제공의 문집인 『번암집』에 실려 전해지고 있단다.

이 몸이 다시는 상공의 얼굴을 우러러 볼 수가 없겠습니다.

진시황제와 한무제가 모두 해외에 삼신산이 있다고 하였다.

세상 사람들은 우리나라의 한라산을 이른바 영주산이라 하고, 금강산을 이른바 봉래산이라 하니,

너는 제주에서 생장하여 한라산에 올라 백록담 물을 떠 마시고, 이제 또 금강산도 두루 밟았다.

삼신산 가운데 그 둘을 모두 포람(包攬)한 셈이니, 천하의 수많은 남자들도 이런 경우는 없었다.

「만덕전」에 전해지는 나와 채제공의 이별 장면이야. 내가 울먹이자 체재공이 나를 울지 말라고 달랬다고 되어 있는데, 그 때문인지 나와 채제공이 서로 흠모했다는 이야기도 심심찮게 전해지는 모양이야. 한편

병조판서 이가환도 나를 칭송하는 시 한 수를 지어줬어.

탐라로 돌아가는 만덕을 보내며

만덕은 제주도의 기특한 여인으로

예순 살 얼굴빛이 마흔쯤 보인다네.

천금으로 쌀을 사서 백성들 구제하고

한 척 배로 바다 건너 임금님 알현했네.

소원 오직 금강산을 구경하는 것이어서

금강산은 동북쪽의 연무 속에 있었다네.

임금께서 날랜 역마 하사토록 명령하여

천리 뻗친 빛의 광채 관동 지방 진동했네.

높이 올라 굽어보며 마음의 눈 크게 뜨고

표연히 손 저으며 바다로 돌아가네.

탐라는 고·부·양 삼성(三聖)부터 있었지만

여자로선 처음으로 서울을 구경했네.

칭찬 소리 우레 같고 고니처럼 빼어나니

높은 기풍 오래도록 세상을 맑게 하리.

인생에 이름 세움 이런 경우 있겠지만

여회청대 그 기림은 얼마나 꼽히겠나.

뿐만 아니라 당시 중국에까지 명성을 떨치던 문장가 박제가도 나를 찾아와 즉석에서 시를 지어 건넸어. 이렇게 받은 것이 꽤 되어 한 권의 시집이 될 정도였다니까. 그리고 그 발문을 쓴 사람이 또 정약용이야. 내가 세상을 뜬 지 수십 년 후 제주로 귀양 온 김정희는 내 이야기를 전해 듣고 감동받아 '은광연세(恩光衍世: 은혜의 빛이 널리 퍼지다)'라는 편액(扁額: 종이, 비단, 널빤지 등에 그림을 그리거나 글씨를 써서 방 안이나 문 위에 걸어놓는 액자)을 써서 나의 양손(養孫: 아들의 양자)인 김종주에게 줬고 말이야. 이처럼 조선조 역사의 내로라하는 인물들이 앞 다퉈 헌사를 바쳤으니, 이런 행운이 또 어디 있겠어? 그리고 그건 또 달리 말하면 나의 선행에 대한 사회적 반향이 그만큼 컸다는 이야기겠지?

제주로 돌아온 후에도 나는 장사를 계속했어. 여전히 검소하게 살았고 어려운 사람들을 돕는 데 힘썼어. 그렇게 제주를 대표하는 인물로 오래오래 존경 받다가 15년 후인 1812년 가을, 일흔셋의 나이로 조용히 눈을 감았지. '제주 성안이 한 눈에 내려다보이는 곳에 묻어 달라'는 유언을 남겼는데, 내 유언대로 동문 밖, 육지와 무역하던 화북포구가 있는 화북동에 묻혔다가, 지금은 도민들의 성금으로 지은 모충사에 항일의병들과 함께 있단다. 2003년에는 '김만덕 기념사업회'가 발족해서 여러 가지 기념사업을 추진하고 있다는군.

요즘 어른들 사이에서는 '돈 많이 벌라'는 말이 최고의 덕담으로 여겨지잖아? 나처럼 여자로서 성공한 사업가는 우리 역사에서 거의 찾아보기 힘들 거야. 나는 직업이 곧 신분이던 시절, 사농공상(士農工商: 선비,

농부, 기술자, 장사꾼) 순으로 귀천이 정해지던 때에, 가장 천시되던 상업으로 부를 이루었어. 나는 상업의 원리를 간파하고 사업 수완을 발휘해 소규모의 객주를 탄탄한 대기업으로 키워냈지.

하지만 난 '나눔'의 가치를 알고 실천했던 인도주의자로 기억된다면 좋겠어. 내가, 내 인생이, 여러 모로 생각할 거리를 많이 던져주었다면 좋겠네.

거액 들여 학교 설립한
'치마 두른 대장부'

최송설당

1855년 경북 김천에서 출생했다. 외가 쪽이 홍경래의 난에 연루되어 역적 가문의 누명을 쓴 것을 알고 어려서부터 가문의 명예를 되찾겠다는 뜻을 품었다. 가문의 신원(伸寃: 가슴에 맺힌 원한을 풀어버림)을 목표로 재산을 모으고 권문세가와 교분을 쌓다 궁에 들어가 영친왕(대한제국의 마지막 황태자. 순종의 아들)의 보모상궁이 되었다. 빈민 구제와 사회사업에 관심이 많았고, 한시와 가사 수백 수를 남겨 조선조의 마지막 궁중 여류시인으로 불리기도 한다. 노년에는 전 재산을 김천고등보통학교 설립에 쾌척하였다.

아들만 하란 법이 있습니까?

"네가 아들로 태어났더라면 얼마나 좋았을꼬. 억울하게 멸문의 화(滅門之禍: 한 집안이 다 죽임을 당하는 끔찍한 재앙)를 당한 지 벌써 50년이 되었건만 아무 소용없는 딸자식만 셋을 낳았으니 우리 가문의 원통함을 어찌 풀 수 있으리. 죽어서 조상님을 무슨 면목으로 뵌단 말이냐. 쯧쯧."

아버지의 한숨은 오늘따라 유난히 더 깊어 보였어. 아버지는 고개를 돌려 쓸쓸한 표정으로 먼 산을 바라보았지.

"아버님! 드릴 말씀이 있사옵니다."

"말해 보거라."

"조상님의 원한을 씻는 일을 아들만 하란 법이 있습니까? 제가 반드시 가문을 다시 일으키고야 말겠습니다."

"허허, 어린 네가 그런 말을 하다니……. 뜻은 갸륵하구나."

"아버님의 맺힌 한을 꼭 풀어 드릴 테니 두고 보셔요."

"허허"

일곱 살인 내가 야무지게 각오를 내비치자 아버지는 오히려 어이없고 허탈하다는 듯 헛웃음을 웃고 말았어. 내가 나이에 비해 어른스럽고 똑똑한 편이긴 했지만, 어린 것이 무슨 수로 그 큰일을 해내겠다는 건지 황당했던 거지. 딸이 아니고 아들이라 하더라도 보통 노력과 재주로는 이루기 힘든 일인데 말이야. 아버지는 아들이 없어 대를 못 잇는 것도 유감이었지만 가문 신원의 꿈이 물거품이 된 것을 더욱 한스러워 하고 계셨거든. 그래도 그날 밤 아버지와 어머니는 맏딸이 참으로 기특하다는 이야기를 하며 고단한 심신을 달랠 수 있었을 거야.

아버지(최창환)는 몰락한 양반 가문의 후손이었어. 그것도 그냥 몰락한 게 아니라 '역적(逆賊: 자기 나라나 민족, 통치자를 반역한 사람)의 집안'으로 몰려 하루아침에 풍비박산(風飛雹散: 사방으로 날아 흩어짐) 난 거라, 그간의 설움과 고생은 말로 다 할 수 없을 정도였지. 선조들은 원래 평안북도 정주에 살았어. 조상들이 참판, 대사헌 등 중직을 지내기도 했던 이름 있고 뼈대 있는 집안이었어.

일이 벌어진 것은 1811년 홍경래의 난 때였어. 나의 증조부는 당시 정4품의 호군으로 난군을 진압하다가 싸움에 패하고 말았어. 패한 것도 억울한데 끝까지 항전하지 않았다는 죄목에 외가가 난에 가담했다는 이유까지 더해져 역적이란 누명(陋名: 사실이 아닌 일로 이름을 더럽히는 억울한 평판)을 쓰고 잡혀가 옥사했단다. 그 바람에 장남이셨던 나의 조부는 정6품 벼슬에서 쫓겨났고 가족들은 모두 전라도 고부로 유배를 당했어. 그래서 아버지가 고부에서 태어나게 된 거야.

아버지는 조부가 세상을 뜨자 친척들과 함께 고부를 떠나 다시 경상북도 김천으로 이사했어. 거기서 아버지는 어머니를 만나 결혼을 하고 나를 낳으셨어(1855년, 철종 6년). 이 때문에 난 김천에서 태어났는데도 나중에 '고부 할매'로 불렸지.

연좌제(緣坐制: 범죄자와 일정한 친족 관계가 있는 자에게 함께 그 죄의 책임을 지우는 제도)의 덫은 질기기만 했어. 벼슬길이 막힌 아버지는 시골 서당의 훈장으로 생계를 꾸려갔는데, 어머니까지 나서서 삯바느질을 했어도 집안 형편이 안 좋아 끼니 잇기에 바빴어. 그 와중에 다른 형제들과 그 아들들까지 줄줄이 죽어 아버지 혼자 가문의 맥을 이어가고 있었지. 그래서 아버지는 유난히 더 아들을 손꼽아 기다렸던 거야.

더구나 어머니가 나를 임신했을 때 심상치 않은 꿈을 꾸었거든. 어머니는 그것이 태몽인가 싶어 아버지에게 이야기했는데, 달 밝은 밤에 흰 옷을 입은 노인이 노란 학을 타고 하늘에서 내려와 붉은 글씨로 쓴 책 한 권을 주고 가는 꿈이었어. 아버지는 태어날 아이가 크게 될 인물이겠다고, 분명 아들일 거라며 무척 기뻐했어. 그런데 아버지의 예상이 보기 좋게 빗나가고, 딸인 내가 태어났으니, 난 이미 태어날 때부터 불효를 한 셈이지.

그럼 어린 시절의 나는 어떤 애였을까? 일단 말을 참 빨리 배웠어. 다른 애들이 말을 배울 나이에는 글자를 깨쳤고 말이야. 마음 씀씀이도 넓어서 동네 애들과 놀 때도 리더 노릇을 했어. 또 효심이 깊고 어른들에게 공손하다고 동네에서 칭찬이 자자했어. 그럴수록 아버지는 기뻐하면서도 한편으론 너무나 아쉬워했어. 난 아버지의 탄식을 귀에 못이 박히도록 들으며 자랐고, 일곱 살 어린 나이에도 여자에겐 뭔가 여러 가지 제약이 따른다는 것을 어렴풋이 깨달았어.

일을 도모하려면 우선 돈이 필요해

내가 생각해도 그 어린 나이에 아버지 앞에서 그런 약속을 했다는 건 제법 대단한 일이야. 사실 그보다 더 대단한 것은 그 약속을 지키기 위해 계획을 세워 실행에 옮겼다는 거지.

내가 첫 단계 목표로 삼은 것이 무엇이었을 것 같아? 바로 돈을 마련하는 거였어. 그때나 지금이나 마찬가지지만 세상사 무엇이든 '일'을 도모하려면 자금이 필수니까.

일찍 철이 든 나는 10대 후반부터 열심히 돈을 모으기 시작했어. 그당시 관습으로는 시집가서 새색시가 되어 있을 나이니, 살림 9단의 억척 주부였느냐고? 아니야. 사실 난 어려운 집안 살림에 짐이 되지 않으려고 열여섯에 결혼했다가 남편이 죽는 바람에 다시 친정에 와 있었어. 혼인 기간이 워낙 짧았기 때문에 내가 평생 독신으로 지낸 걸로 알고 있는 사람들도 많아.

나는 돈이 될 만한 일이면 가리지 않고 덤볐어. 바느질, 방아질, 밭매기 등 품삯(일을 한 대가로 받은 돈) 받고 할 수 있는 일은 모조리 다 했고, 어머니와 함께 콩나물 장사와 식당 운영에도 뛰어들었으니까. 물론 철저한 절약과 검소한 생활은 기본이었지.

그렇게 팔 걷어붙이고 나선 지 십여 년. 20대 후반이 되자 이젠 상당한 재산이 모아졌고, 우리 집안은 김천에서 꽤 알아주는 부자가 되었어.

이제 경제적 여유가 생기자 난 아들은 아니어도 맏이로서의 역할을 해야 할 것 같았어. 그때만 해도 아들이 집안의 대를 잇는 것으로 여겨졌거든. 나는 집안의 앞날을 생각해서 아버지로 하여금 6촌 동생 최광익을 양자로 들이도록 했어. 집안에 대한 마음 씀씀이나 효심만 놓고 본다면 다른 집 장남들과 다를 바 없었다고. 아버지는 양자를 들이고 정말 좋아하셨지만 그토록 고대하던 조상 설원(雪冤: 원통한 사정을 풀어 없앰)을 못 보고 나이 예순에 아깝게 세상을 뜨셨어. 아버지 살아생전에 약속을 못 지켰으니 나도 더 가슴이 아팠지.

이제는 더 이상 미룰 것도, 망설일 것도 없었어. 난 아버지 3년 상을 치르고 집안을 정리하기 시작했어. 이제 다음 단계를 향해 나아가야 할 때니까.

"어머니! 조상의 설원을 위해서는 천은을 입어야 합니다. 그러려면 서울에 머물러야 합니다. 서울로 이사 갈 준비를 하겠습니다."

천은(天恩)이 무엇이냐고? 임금의 은덕을 말해. 어떻게 임금의 은덕을 입겠다는 것인지 궁금하지? 물론, 이미 대략적인 계획은 세워두었지. 서울로 올라갈 때는 다 생각이 있어서라고!

봉은사의 그녀, 왕궁에 들어가다

서울로 이사 온 것은 내가 마흔 살 되던 1894년 봄이야. 동학농민운동의 여파로 우리 집도 피해를 입게 되었는데, 그 김에 겸사겸사 상경한 거야. 우리는 적선동에 자리를 잡았어. 자, 그리고 3년 후에 나는 왕자의 보모상궁(保姆尚宮: 왕자·왕녀의 양육을 도맡은 나인 중의 총책임자)이 되어 고종황제 내외와 아주 가까이에서 생활하게 된단다. 그 3년 동안에 대체 어떤 일이 있었던 걸까?

나는 평민인 여자가 권력 핵심부에 접근할 수 있는 방법이 무얼까, 여러 각도로 생각해 봤어. 물론 공식적인 경로로는 어렵다는 걸 알고 있었기에 난 옆길을 택하기로 했어. 옆길로 가는 것이 시간도 단축되고 더 실속 있을 수가 있거든. 난 우선 서울에 사는 권문세가의 마님들에게 접근하기로 했어. 세도가들의 부인을 통해 그들의 남편에게 사정을 전해 간접적으로 임금에게 청을 올리려 했지.

그러나 국내외 정세가 혼란스럽던 시절이라 일이 마음먹은 대로 착착 진행되지 않았어. 때가 아니면 잠시 기다려야 하는 법. 그 다음 해인 1895년엔 을미사변이 일어나 명성왕후가 시해(弑害: 부모나 임금이 죽임을 당하다)되고 온 나라가 항일투쟁과 의병운동의 열기로 한시 앞을 알 수 없는 혼란이 계속되었어.

난 어떻게든 임금 주변에 접근할 기회를 엿보고 있었는데, 일이 되려고 그랬는지, 명성왕후의 시위상궁(侍衛尚宮: 가까이서 모시던 상궁, 현재의 비서)이던 엄 상궁이 고종의 총애를 받아 마흔 넘은 나이에 임신했다는 뉴스가 들려온 거야. 드디어 기회가 온 거지.

난 그때부터 봉은사에서 백일기도를 올렸어. 국운을 일으킬 영특한 왕자가 태어나기를 간절히 기원하면서 말이야. 물론 옷은 최대한 고급스럽게 입고 언행(言行: 말과 행동)에도 신중을 기했어. 지극정성으로 불공을 드리는 내 모습이 마침내 누군가의 눈에 띄었는데 그건 다름 아닌 엄 상궁의 동생이었어.

엄 상궁의 동생은 덕수궁 전화(典貨: 조선 시대 내수사에 속한 종구품 벼슬. 궁중에서 쓰는 미곡, 포목, 일상생활에서 쓰는 잡다한 물품 및 왕실 소속 노비 등에 관한 일을 맡아보았다)과장 이규찬의 아내였어. 황실의 측근으로 세도가 대단했어.

봉은사를 매일같이 찾던 그녀는 내가 정갈한(깨끗하고 깔끔한) 차림새로 정성스럽게 기도하는 것을 보고 내게 호기심이 생겼나 봐. 나는 곧 그녀와 가까워질 수 있었어. 그녀는 내 갸륵한(착하고 장한) 마음씨에 감동받았는지, 궁궐에 들어가 언니에게 봉은사에서 만난 신비스러운 여인에 대해 이야기했어. 이렇게 해서 드디어 나의 존재가 엄 상궁에게 알려지게 되었지.

이제 세월이 흘러 아기가 태어날 때가 되었어. 나는 미리 출산용품을 최고급품으로 골고루 준비해서 엄 상궁에게 바쳤는데, 이는 임금에게 올린 거나 마찬가지였단다.

드디어 해산일이 되었어. 순풍에 돛 단 듯 일이 술술 풀려나가, 마침 건강한 왕자가 태어났지 뭐야? 엄 상궁은 곧바로 귀비(貴妃: 후궁에게 내리던 가장 높은 지위. 엄상궁은 순헌귀비로 책봉됨)로 책봉되었으니 나로선 점점 '때'가 가까워지고 있는 거였어.

나중에 내 이야기를 엄 귀비로부터 전해들은 고종은 "서민층에서 이런 놀라운 일을 하는 사람이 있다는 것은 일찍이 들어본 바 없다"며 기특해했고, 나를 궁금해 한 나머지 궁궐로 불러들였어. 치밀한 사전 작업이 극적으로 열매를 맺은 셈이지. 서울에 온 지 3년만의 일이었어.

고종은 나의 조신(操身: 몸가짐을 조심함)한 태도가 마음에 들었던지 그 자리에서 왕자의 보모상궁으로 임명했어. 내 나이 마흔 셋이었는데, 그 나이에 궁인(宮人: 궁에서 일하는 사람)으로 발탁되는 것은 아주 드문 일이야. 나의 늦깎이 궁중생활은 그렇게 시작되었어.

이제, 궁중에서 어린 왕세자를 돌보며 황제 내외를 수시로 알현할 수 있게 되었지만 난 서두르지 않았어. 우선 중요한 건 황제 내외의 신임을 얻는 거니까 말이야. 난 까다로운 궁중생활에 빨리 적응했어. 원래 신중하고 민첩한 데다 눈치가 빠른 편이라 곧 조정 중신의 부인들과도 가까워졌고 머잖아 고종 황제 내외로부터도 절대적 신임을 받게 되었단다.

꿈★은 이루어진다!

살다 보면 불가능하게만 여겨졌던 일이 현실이 되기도 해. 우리 집안의 경우가 딱 그 경우에 해당될 거야. 이미 짐작했겠지만 난 어린 시절 아버지에게 맹세했던 약속을 기어이 지켰어.

왕정(王政: 임금이 다스리는 정치)국가에서 가장 큰 죄는 반역죄야. 왕들은 대대로 왕권 강화와 중앙집권이 최우선 과제일 수밖에 없었어. 그래서 반역 죄인에 대해선 삼족(부계, 모계, 처계)을 멸하는 식으로 엄히 다스렸는데, 사실은 역모(逆謀: 반역을 꾀함)의 혐의(嫌疑: 범죄를 저질렀을 가능성이 있다고 봄)를 씌워 정적(政敵: 정치에서 대립되는 처지에 있는 사람)을 없애는 경우가 더 많았어.

그래서 이렇게 권력 다툼의 희생양(犧牲羊: 다른 사람의 이익이나 어떤 목적을 위하여 목숨·재산·명예·이익 등을 빼앗긴 사람을 비유적으로 이르는 말)으로 억울하게 역적으로 몰린 경우엔 나중에 후손들이나 제자들에 의해 명예 회복이 이루어지기도 했지만, 쉬운 일은 아니었어. 역적이라는 불명예스러운 타이틀은 '주홍 글씨(너대니얼 호손의 소설 『The Scarlet Letter』. 불륜을 저지른 여인의 가슴에 A라는 붉은 낙인을 찍는다는 설정이 유명)'처럼 쉽게 지워지지 않는 낙인(烙印: 다시 씻기 어려운 불명예스럽고 욕된 판정이나 평판을 이르는 말)이었거든. 그러니 전통과 가문을 중시하던 그 시절, 조상의 명예를 회복할 수만 있다면 그보다 더 큰 경사가 있을 수 있겠어? 그만큼 어렵고 힘든 일이었다는 얘기야.

1901년, 내 나이 어느덧 마흔 일곱이 되었어. 나는 오랫동안 계획해온 일을 실행에 옮기기로 하고 드디어 기회를 봐서 상소를 올렸어. 고종이 물리치면(거절하여 받아들이지 않으면) 어떡하나 걱정스러워, 상소를 올리고 나서 조바심에 잠을 못 이루었지.

다행히 고종은 나를 깊이 신임하고 있던 터라 흔쾌히 청을 들어주었고 증조부는 누명을 벗고 바로 복권되었어. 궁에 들어온 지 4년만의 일이었고, 아버지 앞에서 맹세한 지 40년만의 일이었어. 그동안의 한과 설움이 북받쳐 집에 와 목 놓아 엉엉 울었는데, 이 감격스러운 순간을 못 보고 세상을 뜬 아버지가 생각나서 더 서럽게 울었단다.

고종이 내린 선물은 그뿐만이 아니었어. 내 양동생과 사촌동생들에게 벼슬이 내려졌어. 멸문지화를 당한 지 89년 만에 명예 회복을 하게 된 집안에 겹경사가 난 셈이니, 고종과 엄 귀비가 나를 얼마나 어여삐 여겼는지 알 수 있지? 보모상궁으로 발탁된 것은 어쨌든 갑자기 찾아든 행운이었는데, 난 그 천금 같은 기회를 아주 잘 활용한 거지.

그러나 몇 년 후 내 생활에도 큰 변화가 왔어. 그동안 보살펴온 황태자(이은)가 볼모로 일본에 잡혀가는 바람에 10년간의 궁중생활이 끝나게 되었거든.

갑자기 궁에서 나오게 된 나는 이제 무엇을 할까, 어떻게 살까, 곰곰(여러모로 깊이) 생각해 봤어. 그리고 하나하나 실행에 옮겼지.

제일 먼저 한 일이 무엇이었느냐고? 난 가문에 대한 애착이 강한 편이야. 그래서 먼저 선대의 고향인 평안북도 정주로 올라갔어. 가서 조상의 묘를 찾아 제를 지내고 친척들을 불러 모아 잔치를 열었어. 형편이 어려운 이들에게는 금전적으로 지원도 했어.

물론 그만큼 경제적 여유가 있기에 가능했던 일이야. 김천에 살 때도 부자 소리를 제법 듣곤 했지만 그때와 또 달랐어. 궁에서 나올 때 고종과 엄 귀비가 그동안 수고했다면서 적지 않은 토지를 하사했거든. 물론 그동안 정5품의 정규 공무원으로서 다달이 받은 봉급도 꽤 되었지만,

이때 받은 토지가 이후 재산 축적의 밑거름이 되었단다.

정주를 다녀온 나는 고향 김천으로 내려가지 않고 서울에서 계속 살기로 했어. 난 덕수궁 대한문 앞 무교동에 55칸짜리 큰 집을 짓고 당호를 '송설당(松雪堂)'이라고 했어. 당호는 집의 이름이자 집 주인의 호가 되기도 하는데, 이 당호가 내 이름처럼 불리게 된 거지. 어떤 사람들은 당호를 고종이 내렸다고 알고 있는데, 나는 나 자신을 소나무에 빗대 황제 내외에 대한 충성심을 표하고 싶었던 거야. 소나무는 지조와 의리를 상징하거든.

여러 모로 도움을 준 엄 귀비에 대해서는 특히 고마운 마음이 더했어. 엄 귀비와 나는 나이가 엇비슷했고 관심 분야도 비슷했어. 엄귀비는 육영(育英: 영재를 가르쳐 기름, 즉 교육)사업에 관심이 높아서 양정중학교, 진명여학교와 숙명여학교 설립에 거액을 기부하곤 했어. 내가 나중에 학교 설립에 전 재산을 내놓은 것도 엄 귀비로부터 영향을 받은 덕분이야.

사실 난 복지 분야에 진작부터 기부를 하고 있었어. 빈민 돕기 기부금이나 재해 의연금(義捐金: 사회적 공익이나 자선을 위하여 내는 돈)도 많이 냈고, 고향에 흉년이 들어 사람들이 굶어죽어 간다는 소리를 듣고는 구휼미를 보내 소작인들로부터 자모(慈母) 소리를 듣기도 했지. 독실한 불교신자라 불교계에도 시주를 아끼지 않았고 말이야.

소회를 시에 담아내

> 남들은 모두 부부가 있으나 나만 홀로 남편이 없고
>
> 남들은 모두 자녀가 있으나 나는 단지 친조카만 있구나

이건 내가 지은 한시 「기몽(記夢)」의 일부란다. 나는 시 쓰기를 좋아해서 틈틈이 한시와 한글 가사를 짓곤 했어. 나한테 이런 시인의 면모가 있었다니 놀랍지? 내가 EQ가 좀 높은 모양이야.

1914년 내 나이 예순이 되었는데, 어쩐지 죽을 날이 얼마 안 남은 것 같았어. 당시 기준으로는 오래 산 셈이기도 했고. 그래서 일단 그간의 삶을 정리하기로 했어. 그동안 써온 한시 200여수와 한글 가사 60여수를 책으로 엮었고, 또 뒷산에는 가묘를 만들어 놓기도 했어. 그런데 그 후로 25년을 더 살았으니 예감이 한참 빗나간 셈이야. 아참, 그때 대충 엮어 놓은 책은 한참 후인 1922년에 정식으로 『송설당집』으로 간행되어 세계 각국의 유명 도서관에 기증되었단다.

아, 나는 내가 시인이기도 했다는 사실을 자랑하려고 이 말을 꺼낸 건 아니야. 일단 시구를 잘 읽어봐. 적막한 처지를 한스럽게 여기는 내 심정이 조금은 헤아려질 테니까. 그간의 드라마틱한 일들을 생각하면 사실 죽어도 여한이 없어. 하지만 내 인생만 떼어놓고 보면 참으로 기구한 운명인 것 같았지. 반평생을 역적의 후손이란 누명을 쓰고 산 것도 억울한 일이지만, 일찍 청상과부가 되어 남편 없고 자식 없는 여자가

된 것은 더욱 기막힌 일이었으니까. 당시 가치관으로는, 아무리 재산이 많아도 여자가 한 남자의 아내로, 자식들의 어머니로 평범한 행복을 누리지 못한다면 반쪽짜리 인생이었거든.

나의 그런 처지를 아는 사람들이 양자를 들이라고 권하더군. 그래서 50대 후반에 양동생인 최광익의 둘째아들 석두를 양자로 들였단다. 그때 석두가 열두 살이었으니까 나이로 따지면 모자지간이라기보다는 조손(할머니와 손자)지간에 가까웠어. 하지만 난 늘그막에 얻은 아들을 진심으로 아꼈어. 배 아파 낳은 아들은 아니었지만 사랑과 모성애는 친엄마 못지않았다고 말할 수 있어. 내가 남긴 한시들을 봐도 알 수 있을 거야. 친구만 좋아하고 책은 멀리하는 아들 때문에 속 끓이는 마음, 멀리 떨어져 있는 아들이 그립고 걱정되는 엄마의 마음이 구구절절 표현되어 있지.

하지만 석두와 나는 기질도 다르고 성격도 많이 달랐어. 음악 공부를 하고 싶다고 해서 일본에 유학까지 보내줬지만 석두는 방탕하고 무절제한 생활로 끊임없이 실망을 안겨 주었지. 오죽하면 내가 입양 14년 만에 모자 관계를 끊었겠니? 물론 후유증이 꽤 오래 갔지만 곧 마음을 다잡았어.

학교 설립으로 만인의 어머니가 되다

그런 아픔을 겪으면서도 난 종교계와 학교에 꾸준히 기부했어. 특히 어머니가 세상을 떠나면서 "정재(淨財: 남을 도와주기 위하여 깨끗하게 쓰는 재물)를 교육에 쓰라"는 유언을 남기셨기에, 그 뜻을 받들어 김천공립보통학교와 금릉유치원과 금릉학원 등에 기부금을 제법 많이 냈어.

그뿐만이 아니야. 나중엔 전 재산을 김천고등보통학교(김천고보, 현 김천중·고등학교) 설립에 쏟아 부었지. 사람들이 나를 '만인의 자모(慈母)'라고 부르는 것도 그 때문일 거야. 김천고보는 당시 경상도의 첫 사학이자 전국 열한 번째의 사학이었어. 김천고보의 탄생 비화를 한 번 들어 볼 테야?

당시 중등학교의 입시 경쟁률은 명문이든 아니든 보통 10대 1이 넘었어. 근대교육에 대한 수요는 날로 높아가는 데 반해 학교는 턱없이 부족했기 때문이지. 대부분의 지역에서 중등학교 설립은 주민들의 숙원사업이었어. 문제는 자금인데, 주민들의 성금으로 마련하기에는 너무 큰돈이었거든. 김천 주민들 역시 일찍부터 학교 설립을 준비했지만 자금 조달에서 막히는 바람에 애만 태우고 있었어.

1930년 이미 70대 중반이던 내겐 아직 30만 원 정도의 재산이 남아 있었어. 지금의 화폐 가치로 따지면 300억 원쯤 될까? 애초엔 해인사에 시주할 생각이었는데, 해인사가 이미 친일세력의 손 안에 들어간 상태라 기부의 참뜻이 살기는커녕 악용될 소지가 있었어.

이때 민족지도자인 만해 한용운과 지역 인사들이 내게 학교를 설립해서 '만인의 어머니'로 남는 게 어떻겠느냐고 권유한 거야. 물론 난 흔쾌히 받아들였지.

쇠뿔도 단김에 빼랬다고 난 김천과 김해, 대전에 있던 20만 2천 원 상당의 토지와 10만 원의 은행 예금 등 전 재산을 조건 없이 김천고보 재단 설립에 기부하기로 했어. 그리고 동아일보와 조선일보 등에 성명도 발표했어. 다음은 그 성명서의 일부야.

> 사회의 발전은 인재의 교육에 있는데, 지금 만약 재정이 궁핍하다는 이유로 그 목적을 이루지 못한다면 사회의 급한 일에 대해서 책임을 다하는 것이라 말할 수 있겠는가.
>
> 이에 삼십만 이천 일백 원을 내어서 그것으로 설립의 자금을 댈까 한다.

이 소식이 전해지자 나라 전체가 들썩였지. 그만큼 빅뉴스였다는 얘기야. 사람들은 다들 궁금해 했어. 어떻게 그런 대단한 결정을 내리게 되었는지를 말이야.

> 나는 원래 자수성가하여 남보다 넉넉하게 지내는 편이나, 그것을 가지고 일찍부터 무엇을 하려고 생각하였으되 오늘까지 가정상 형편으로 결정하지 못하다가 이번에야 겨우 결행한 것이오.
>
> 김천은 나의 고향인 만치 그곳을 항상 생각할 것은 물론이며 더구나 경상북도는

인구가 그렇게 많은데다가 중등 정도 학교가 한 곳밖에 없는 것을 늘 유감으로 생각하였소.

학교가 뜻대로 설립이 되는 때에는 나도 김천으로 이사할 것이며 일을 하는 데는 역시 김천사회의 인사들과 협의하려고 합니다.

이제 실무적인 절차만 진행하면 되는데, 뜻밖의 난관이 기다리고 있었어. 당국에서 반대하고 나선 거야. 당시 일본의 식민지 교육정책은 실업계 학교만을 인가해 주는 것이라 인문계 학교에는 설립 인가를 내줄 수 없다는 거였어.

우리도 물러설 수 없었어. 양쪽의 줄다리기가 팽팽한 가운데 공사는 예정대로 진행되어 임시 교사까지 완공되었는데, 당국은 여전히 실업계 학교가 아니면 인가할 수 없다고 억지를 부렸어. 그러자 공립학교도 안 만들어주면서 사립학교 설립까지 막느냐는 비난 여론이 사방에서 빗발쳤지. 결국 내가 마지막 카드를 꺼내들었어. 정 안 된다면 기부를 철회하겠다고 배수진을 친 거야. 이에 압박감을 느꼈던지, 결국 당국은 실업교육을 병행한다는 조건을 내세워 마지못해 승인해주었어.

운명에 맞선 기부천사

그 뒤로는 일이 일사천리로 진행되어 1931년 5월 9일, 전 국민의 눈과 귀가 경북 김천으로 쏠린 가운데, 드디어 김천고보의 개교기념식이 열렸어. 여운형, 조만식 등 기념식에 참석한 민족지도자들은 나더러 '동양 최초의 여성 육영사업가'라며 찬사를 아끼지 않았지. 사실 사립 고등보통학교가 전국에 몇 개 되지도 않았지만 그나마 설립자들이 모두 남자였거든. 하긴, 일본인들조차 여자 혼자 이렇게 큰일을 한 예는 일본에도 없다며 감탄했으니까. 게다가 순수한 민족자본으로 인재를 키우는 거라서 독립운동의 의의도 함께 지니는 일이었어.

그만큼 대단한 일이었던 거야. 덕분에 4년 후에는 교정에 내 동상이 세워졌지. 원래 살아 있는 인물의 동상을 세우는 것은 흔치 않은 일이었는데 전국 각지에서 성금이 모였어. 조만식, 방응모, 윤치호 등 지도층 인사들은 물론이고 신의주고보, 동래일신여학교, 대구계성학교 등에서도 성금을 보내왔어. 심지어 멀리 만주에서 성금을 보내온 이도 있었단다. 사람들은 이제 나를 가리켜 조선의 대표적인 여성 사회사업가라고 하더군. '평양 백선행, 김천 송설당'이라는 말도 생겨났지.

난 그 뒤에도 학교 운영에는 전혀 관여하지 않았고, 다달이 재단에서 받는 월급(2백 원)으로 생활했어. 검소하게 살다 보니 돈이 남기에 그 돈을 저축하여 도로 재단에 기부했지. 그래서 사람들이 더 놀랐던 모양이야.

자, 이제, 정말 떠날 때가 되었다 싶었어. 1939년 6월 16일 "영원히 사립학교를 육성하여 민족정신을 함양하라. 교육받은 한 사람이 나라를 바로잡고, 교육받은 한 사람이 동양을 편안하게 진정시킬 수 있다. 마땅히 이 길을 따라 준수하되 부디 내 뜻을 잃어버리지 말라"는 유언을 남기고 85세로 삶을 마감했단다.

맹자는 '양친이 다 살아 계시고 형제가 무고한 것', '하늘을 우러러 부끄럽지 않고 굽어보아도 사람들에게 부끄럽지 않은 것', '천하의 영재를 얻어 교육하는 것', 이 세 가지를 '군자삼락(君子三樂: 군자의 세 가지 즐거움)'이라고 했어. 첫 번째 것은 인력으로 어떻게 해볼 도리가 없는 것이고 두 번째와 세 번째 것은 노력과 수양이 뒷받침된다면 누릴 수 있는 거라고 봐.

내 삶을 결산해보면 남자도 누리기 힘든 삼락에 조선말 여성으로서는 최대한 근접했던 것 같아. 비록 육신은 땅에 묻혔지만 이름이 '송설학원'을 통해 후세에 길이 남겨지고 있으니, 여자도 '큰돈'을 벌 수 있고 사회적으로 '큰일'도 할 수 있음을 보여준 셈이지?

독립운동 지원한 만석꾼이자 '조선 농민의 어머니'로 불린

왕재덕

1858년 황해도 신천에서 태어났다. 농업학교를 설립한 육영사업가이다. 유복(裕福: 살림이 넉넉하다)한 가정에서 자랐으나 스물아홉에 청상과부(靑孀寡婦: 젊어서 남편을 잃고 홀로된 여자)가 된 후 남편의 유산(遺産: 죽은 사람이 남겨 놓은 재산)을 바탕으로 근검절약과 탁월한 경영능력으로 재산을 축적해 만석지기 거부가 되었다. 농촌생활 개선운동을 주도하고 사위 안정근 등 독립운동가들을 지원하는 한편 1929년에는 신천농업학교를 설립하였다. 1934년, 77세를 일기(一期: 한평생 살아 있는 동안)로 세상을 떠났다.

글 모르는 무남독녀

"응애! 응애!"

막내가 태어났어. 아들이야. 유복자(遺腹子: 태어나기 전에 아버지를 여읜 자식)로 태어난 아기가 불쌍해 미역국이 목으로 넘어가지를 않네. 아버지 얼굴도 모르고 자랄 것을 생각하니 가슴이 미어져.

남편(이영식)은 같은 고향 사람이었어. 열여덟 살에 결혼해 아들 승조와 딸 정서를 낳고 셋째까지 임신하고 단란하게 살았지. 하지만 남편은 우리만 남겨 놓고 저 세상으로 가버렸으니, 내 심정을 누가 알까. 스물아홉에 청상과부가 된 내 심정을 말이야. 여자 혼자 삼남매를 키우기란 쉽지 않은 일이야. 다행히 남편이 남긴 재산이 넉넉해서 경제적으로 어렵지는 않겠지만…….

난 산후조리(産後調理: 아이를 낳은 뒤 건강이 회복되도록 몸을 보살핌)를 하면서 앞으로 어떻게 살 것인가 곰곰 생각해봤어. 과부가 된 내 운명을 비관만 하고 있으면 뭐하겠어. 삼남매 잘 키우고 재산 불려 좋은 일 많이 하면 내 인생도 그럭저럭 훌륭한 편에 속하지 않을까?

다행히 손끝이 야무지고 눈썰미가 있어 무슨 일이든 결과가 좋은 편이라 열심히만 하면 잘 살 자신도 있었어. 사실 어려서부터 일 잘한다는 칭찬을 늘 듣고 살았거든. 우리 아버지(왕시권)는 신천에서 알아주는 부자였어. 천석꾼 소리를 들을 정도였지. 게다가 내 위로 언니가 하나 있었는데 어려서 죽는 바람에 무남독녀로 컸단다. 그렇게 부잣집 외동

딸로 자랐는데도, 딸에게는 글공부를 시키지 않는 세상인지라 한문은 커녕 한글조차 몰라. 완전한 무학(無學)인 거야.

본의 아니게 공부와는 담 쌓고 살았지만 그 대신 어려서부터 노동으로 잔뼈가 굵었어. 어머니를 도와 부엌과 논밭을 들락거리며 일했는데, 손재주가 있는지 바느질 같은 것도 제법 잘했어. 특히나 키질은 동네에 소문이 날 정도였어. 어느 정도였냐면 곡물(穀物)이 여러 종류 섞인 것을 키에다 담고 위아래로 흔들어대면 키 안에 있는 곡물이 종류별로 정확하게 나뉠 정도였다니까!

어때? 놀랍지? 이 정도 감각이면 어떤 분야에서 어떤 일을 하든 능히 일가(一家: 학문·기술·예술 등의 분야에서 독자적인 경지나 체계를 이룬 상태)를 이룰 수 있지 않겠어? 물론 일을 안 해도 먹고 사는 데는 지장이 없지만 말이야. 아니, 지장이 없는 정도가 아니라 여유 있게 지낼 수 있는 형편이긴 해. 남편이 남긴 땅이 1년에 3백석을 추수하는 땅이라 처분을 하면 지금 당장 서울에 좋은 집 두 채는 넉넉히 살 수 있거든. 그러니 마음먹기에 따라서는 평생 손 까딱 않고 편히 살 수도 있어. 하지만 그렇다고 사지가 멀쩡한데 놀 수는 없잖아. 오히려 그럴수록 더 열심히 일해야지. 왜냐고? 아이들을 잘 길러야 하고, 또 재산을 모아 좋은 일에 쓰고 싶으니까!

아참, 막내의 이름은 '수극'으로 지었어. 승조가 벌써 열 살이니까 장남 역할을 잘 해주리라 믿어.

난 몸조리가 거의 끝나자 몸을 추스르고 얼른 일을 시작했어. 무슨 일이냐고? 물론 농사일이지. 난 오로지 농사밖에 몰라. 땅은 사람을 배신하지 않아. 농사라는 건 내가 일한 만큼, 공을 들인 만큼 결실을 거두는 일이야. 요행을 바랄 수 없다고. 그러니 어떻게 게으름을 부릴 수 있겠어?

난 소매를 걷어붙이고 억척스럽게 일했어. 새벽부터 밤까지 잠시도 한눈팔지 않았어. 칠흑 같은 어둠 속에서 일하는 것도 다반사였어. 잘 안 보여도 눈짐작으로, 손끝의 감각으로 할 수 있거든. 그래도 가끔 가다 실수를 하기도 했는데, 캄캄한 밤중에 목화밭에서 목화송이를 따다 허연 돌멩이나 그릇 조각을 목화인 줄 알고 주워오기도 했지. 그렇게 고되게 일하고 집에 와서도 실을 잣거나 옷감을 짜거나 바느질을 하다 새벽 닭울음소리를 듣고야 눈을 붙였어. 튼튼한 몸을 타고난 것이 얼마나 다행인지……. 강철 체력을 물려주신 부모님께 감사해할 일이야.

'부가가치 높이기' 프로젝트

난 빈손에서 시작한 게 아니고 어느 정도 기반이 있었기 때문에 일해서 버는 것이 다 그대로 수익이 되었어. 재산이 점점 불어나기 시작했지.

일을 해서 수입을 늘리는 것도 중요하지만 그에 못지않게 중요한 것이 불필요한 지출을 줄이는 거야. 다른 부자들도 마찬가지겠지만 나는 절대로 헛돈을 쓰지 않았어. 옷만 해도 그래. 나 정도의 부자면 다들 치장을 하고 살았지만 난 고급 옷감으로 옷을 해 입은 적이 없어. 목화농사를 직접 지으니 늘 면으로 옷을 지어 입었지. 면은 질긴 데다 위생적이고 관리하기도 쉬워서 안성맞춤이거든. 단, 깨끗하게 입는 것은 기본이지. 식생활도 마찬가지야. 음식으로 사치를 하려고 들면 한이 없어. 난 늘 소박한 반찬을 고집했는데 사실 그게 건강에도 더 좋단다. 물론 밥 먹는 것 외에 따로 군것질을 해본 적도 없어.

자, 이렇게 부지런히 일하고 알뜰히 아끼는 것만으로도 충분히 부를 이룰 수 있긴 해. 하지만 조금만 머리를 쓰고 발품을 팔면 수익은 두 배 세 배로 늘어나게 되지. 나는 농사를 지으면서 추수한 벼가 도정(搗精: 껍질인 겨를 벗기는 작업)을 거쳐 소비자들에게 유통되는 과정을 눈여겨보았어. 각 단계를 거칠 때마다 이윤이 붙어 최종 가격이 산지 가격에 비해 엄청나게 높아지는 것을 보고는, 이거다, 싶었어. 생산 과정에서 새로 덧붙여지는 가치, 바로 '부가가치'에 눈을 뜬 거야.

그래서 나는 추수한 벼를 중간 상인에게 넘기지 않고 직접 상품으로 만들어 판매까지 하기로 했어. 벼를 배에 실어 평안남도 진남포의 정미소(精米所: 쌀의 도정 작업을 전문적으로 하는 곳)로 가져가 도정을 한 다음에 대도시에 내다팔았거든. 말하자면 소비자와의 직거래라고 볼 수 있는데, 당연히 가공과 유통 과정에서의 모든 이윤은 내 몫이 되었어. 내가 머리를 잘 썼는지, 수입은 암퇘지가 새끼를 치듯 계속 불어났어.

난 이렇게 들어오는 현금을 장롱 안에 쌓아두지 않고 땅을 사는 데 투자했어. 땅도 그냥 되팔지 않았어. 그럼 어떻게 했느냐고? 물론 부가가치를 높여서 팔았지! 땅의 부가가치는 어디서 나올까? 그건 땅의 활용도에 달려 있어. 난 남이 거들떠보지 않는 땅, 말하자면 농사를 지을 수 없는 황무지나 초지(草地: 풀이 나 있는 땅. 가축을 방목하거나 목초를 재배하는 데 이용함)를 사들여 개간했어. 비탈진 곳을 평평하게 깎고 돌과 바위를 치우고 잡초를 뽑아 박토(薄土: 메마른 땅)를 옥토(沃土: 농작물이 잘 자랄 수 있는 영양분이 풍부한 좋은 땅)로, 싼 땅을 비싼 땅으로 탈바꿈시켰지.

이 모든 일을 내가 직접 했는데, 듣는 입장에서는 별 일 아닌 것 같지만 사실 남자들도 쩔쩔매는 험한 일이야. 누가 들으면 나를 여장부라고 할 걸?

하긴 남들 눈에 내가 만만하게 보이지는 않을 거야. 키도 여자치고는 큰 편이고 코스모스 같은 가냘픈 인상이 절대 아니니까 말이야.

그런데 어느 날 문득 내 살아온 날을 돌아보니 땅도 엄청나게 늘어났지만 또 그만큼 나이도 많이 먹었더군. 어느새 환갑이 다 되었으니, 예순 평생을 땅 늘리는 재미로 살아온 셈이야. 특히 신천온천 부근은 거의 다 내 땅이었어. 처음의 3백 석을 추수하는 2만원 상당의 땅이 30년 만에 1만 석을 추수하는 50만원 상당의 땅으로 불어난 거야. 이제 나는 만석지기 대지주로 불렸어.

나는 땅에 대한 애착이 커서 땅에 대해서만큼은 컴퓨터보다 더 정확하고 철저했어. 글을 모르니 장부에 기록해 두지는 못했지만 땅의 넓이며 수확량과 수확 시기, 현금이 들어오고 나간 내역 등 모든 것이 머릿속에 꼼꼼하게 기록되어 있었어. 또 그만큼 땅에 대해서는 남에게 절대

양보하지 않았어.

그렇다고 해서 내가 무지막지하게 내 욕심만 채웠다는 소리는 절대 아니야. 나는 경우에 안 맞는 일, 사리에 어긋나는 일은 절대 하지 않았어. 또 그렇기 때문에 그런 일을 당하면 절대 물러서지 않았어. 내가 이런 말을 하는 것은 가당치도 않은 일이 실제로 일어났기 때문이야.

쌀 한 톨에 벌벌 떠는 구두쇠?

황해도에는 온천이 많은데 신천읍 근처에 있는 신천온천은 특히 유명했어. 1921년에 신천과 사리원을 잇는 철도가 건설되고 신천온천에 철도호텔과 육군요양소가 들어서자, 신천온천이 일급 휴양지로 부상하면서 일대에 개발 붐이 일기 시작했어. 앞서도 말했지만 신천온천 부근에 내 땅이 무척 많았는데, 마침 일본인이 호텔 부근에 여관을 지으려고 매입한 땅의 한복판에 내 땅이 있었어. 330제곱미터가량이었으니, 당시의 단위인 평으로 환산하면 100평이 약간 못 되었어.

귀퉁이에 있는 것도 아니고 중앙에 있으니 내 땅을 사지 않으면 여관을 지을 수가 없는데도 그 일본인은 나와 거래를 하기도 전에 일단 공사부터 시작했어. 시세보다 조금 더 주면 언제든지 살 수 있을 거라고 안이하게 생각한 거지. 땅 임자인 나를 우습게 본 것이기도 했고.

내가 강하게 항의하자 그 일본인은 그제야 상황 파악을 했는지, 땅을 팔라며 가격을 부르더군. 내가 들은 척도 하지 않자 값은 점점 올라갔어. 이미 터파기 공사를 시작한 그쪽에서는 몸이 달아 나중에는 시세의 수십 배까지 불렀지만 난 안 팔았어. 왜냐고? 나와 거래를 하기도 전에 공사부터 시작한 것이 괘씸하잖아. 땅 주인이 안 팔겠다는데 저쪽에서 별 수 있겠어? 그 일본인은 결국 공사를 중단하고 신천을 떠났어. 손해 좀 봤을 거야.

그 무렵 땅을 팔라는 제안을 많이 받긴 했어. 그해 조선철도회사에서 신천온천 역을 건설하느라 역사 부지를 선정하는 과정에서 또 땅을 팔 기회가 생겼는데, 이번엔 규모가 더 커서 천 평(3300m²)가량 되었어. 그쪽에서는 다른 땅 주인들에게 그랬듯이 시세대로 지불하겠다고 하더군. 다른 사람들은 몰라도 나한테는 안 통하지. 난, 그쪽에서 영리를 위해 내 땅을 필요로 하는 것이니 특별한 값을 달라고 버텼어. 당시 조선철도회사는 총독부의 보조를 받는 사설 철도회사였거든. 협상은 7년 동안이나 질질 끌며 이어졌는데 끝내 별 진전이 없자 황해도지사가 중간에 나섰고, 결국 시세의 여섯 배에 거래가 이루어졌어.

어때? 대단하지? 순전히 내 힘으로 이룬 것이니까 남들 앞에서도 늘 당당했고, 남과 거래할 일이 생겨도 배짱을 부릴 수 있었던 것 같아.

그렇게 황해도 일대에서 만석꾼 지주로 이름을 날렸지만 내 생활은 여전했어. 논바닥에 벼이삭 하나라도 떨어져 있으면 그대로 지나치지 않았고, 지은 밥을 다 먹기 전에는 절대로 밥을 새로 짓지 않았어.

혹시 쌀 한 톨에 벌벌 떠는 구두쇠였냐고? 쌀 한 톨도 소중히 여긴

건 맞지만, 인정머리 없는 자린고비로 오해한다면 섭섭해. 형편이 나쁜 사람들, 먹을 것이 부족해 끼니를 거르는 사람들에게는 기꺼이 곳간 문을 열어 곡식을 나눠줬고, 소작인(小作人: 다른 사람의 농지를 빌려 농사를 짓는 사람)들의 형편을 헤아려 흉년에는 소작료(小作料: 소작인이 농지를 빌려 농사를 지은 대가로 땅주인에게 치르는 사용료)를 깎아줬는걸?

내 관심사가 오로지 농사와 땅뿐이었다고 오해한다면 그것도 섭섭해. 난 어떻게 해야 우리들의 생활이 보다 나아질 것인가에 대해서도 고민을 많이 했어. 먹고사는 것도 중요하지만 생활에서 비합리적이고 불필요한 부분들을 개선해나가는 것도 중요하거든. 그래서 행동에 나섰지. 1920년대 후반, 풍속을 개량하고 살기 좋은 환경으로 만들자는 생활개선운동이 전국적으로 한창이었는데, 난 그 취지에 공감해서 농촌 생활개선운동에 앞장섰어. 우선 소작인들로 하여금 술과 담배를 끊도록 했어. 술이란 것이 마시면 스트레스가 풀리는 것 같아도 그때뿐이고, 몸만 상하고 일에도 지장을 주잖아. 담배가 백해무익한 거야 말할 것도 없고.

여자들의 생활에서도 물론 개선해야 할 것이 있었어. 여자들은 머리 치장을 하느라 저마다 월자(月子)라는 것을 하고 다녔어. 월자는 머리숱이 많아 보이도록 만들어주는 장식용 머리야. 지금의 가발 같은 건데, 월자가 클수록 사회적 신분이 높은 것으로 여겨져서 양반집 여자일수록 크고 좋은 것을 하고 다녔어. 그런데 값도 만만치 않고 머리에 맵시 좋게 올리려면 시간도 많이 걸려. 그 비용도 아깝거니와, 그럴 시간에 차라리 일을 더 하는 게 낫지 않을까? 난 이렇게 여자들이 월자에 들이는 비용과 시간이 너무 아까워서 서울에서 비녀 80개를 사다가 부인 80명을 집에 불러 나눠 줬지.

안중근 의사 가문과의 인연

이제는 자식 자랑을 좀 해도 되겠지? 난 아이들을 키우면서, 집이 부유하다고 해서 행여 아이들이 낭비를 한다든가 자기 자신만 아는 이기적인 사람으로 자라지 않을까 무척 걱정이 되었어. 그래서 특히 인성교육에 신경을 많이 썼어. 다행히 다들 이 엄마의 뜻을 잘 알고, 이웃에게 관심을 갖고 남의 불행에 가슴 아파할 줄 아는 그런, 가슴 따뜻한 사람으로 잘들 커줬어. 혼자 힘으로 이렇게 삼남매를 반듯하게 잘 키웠으니 저승에 가서 남편을 만나더라도 당당할 수 있을 것 같아.

하지만 자식들이 이기적인 사람이 되지 않은 건 무척 다행인데, 독립운동에 뛰어들어 이웃과 민족을 위해 자신을 송두리째 바쳤으니 엄마로서 대견하면서도 한편으론 마음이 아팠단다. 좀 더 자세히 이야기해 달라고? 시간을 거슬러 올라가 1910년, 내 나이 쉰세 살 때로 돌아가면, 그해에는 유난히 가슴 아픈 일들이 많았어.

일단 딸 정서의 남편, 즉 사위가 바로 안중근 의사의 동생 안정근이야. 안중근 의사보다 6살 아래인데 아주 건실한 사람이야. 한 해 전, 그러니까 1909년 10월 26일, 안 의사가 만주 하얼빈에서 이토 히로부미를 총으로 쏘아 죽였잖아. 이토 히로부미는 일본에서는 어떨지 몰라도 우리에게는 원수야 원수! 고종 황제를 강제로 퇴위시키고 나라를 강제로 빼앗았으니 말이야.

안 의사가 여순 감옥에 수감되자 사위는 다니던 학교를 그만두고 동생(안공근)과 함께 옥바라지에 나섰어. 안 의사가 1910년 3월 26일 감옥에서 숨지자 사위가 안 의사의 시신을 감옥 인근 언덕에 묻고 돌아왔지.

저격 사건의 파장은 엄청났어. 분위기가 아주 살벌했거든. 친일파들이 일본에 사죄단을 파견하고, 총리대신이 사죄하러 가고, 각 학교가 강제 휴교를 당했으니 말이야. 그러니 안 의사의 가족들이 어떤 입장이었을지 짐작이 가지? 장남인 안 의사를 대신해 가장 역할을 하게 된 사위는 결단을 내렸어. 이 땅을 떠나기로 말이야. 곧 홀어머니와 누이 동생, 그리고 형님네와 동생네 등 3형제의 가족을 모두 이끌고 망명(亡命: 혁명 또는 그 밖의 정치적인 이유로 자기 나라에서 박해를 받고 있거나 박해를 받을 위험이 있는 사람이 이를 피하기 위하여 외국으로 몸을 옮김)길에 올랐어. 당연히 내 딸 정서도 남편을 따라 갔지. 자식을 멀리 보내는 슬픔이라니…….

사위네 일행은 두만강을 건너 만주로 갔다가 러시아로 가서 10년 정도 있었고 다시 중국 상하이로 가서 살았어. 떠돌이 신세였던 거지. 사위네 일행은 이곳저곳 전전하면서도 독립운동을 계속 했어. 또한 사위의 집은 현지에서 활동하는 독립운동가들의 비밀 집합소 또는 거점 같은 곳이었어. 수많은 지사(志士: 나라와 민족을 위하여 제 몸을 바쳐 일하려는 뜻을 가진 사람)들이 집에 드나들었고, 길게 혹은 짧게 머물다 가기도 했어. 사위는 이들에게 숙식을 제공하고 활동자금도 지원했으니, 만주와 상하이에서 활동하던 독립운동가들 중 열에 아홉은 사위의 신세를 졌다고 봐도 과언이 아니야.

사위가 경제적으로 풍족했던 것 같다고? 일본경찰의 감시를 받는 입장이라 경제활동을 할 형편도 아니었을 텐데 어떻게 그럴 수 있었느냐고? 사실 망명한 독립운동가들은 다들 경제적으로 아주 어려웠어. 사위의 경우는, 짐작했겠지만 내가 도와준 거야. 사위는 내가 보내준 돈으로 동지들을 돕고 독립군의 자금을 댔어. 나는 사위를 통해 독립운동을 지원하고 국내외의 비밀연락을 도왔지.

지금이야 클릭 몇 번이면 안방에서 해외로 송금할 수 있지만 그때는 직접 만나 주고받는 수밖에 없었어. 딸 정서가 수시로 국내에 들어와 돈을 얻어 갔어. 몰래 입국한 거라 행여 남들 눈에 띌 세라 오래 머물지도 못하고 바로 떠나야 했지. 하나 있는 딸, 가까이 살면 얼마나 좋으랴 싶었지만 조선의 딸로, 독립운동가의 아내로, 민족을 위해 큰일을 한다는 것으로 위안을 삼았단다. 그래도 딸이 너무나 보고 싶을 때는 직접 나섰어. 해외로 나가기 쉽지 않은 시절이었지만 사업을 핑계 대고 중국에 세 번이나 다녀왔지.

이젠, 가슴에 돌덩이처럼 남아 있는 큰아들 승조 이야기를 잠깐 해야겠어. 정서가 자기 남편을 따라 만주로 떠났던 그해 1910년 12월, 내가 살던 황해도 신천에서 대형 사건이 터졌어. 소위 '안악 사건'이라는 건데, '안명근 사건'이라고도 해. 안명근은 사위와 사촌간이니, 사돈댁 청년인 셈이야.

일찍이 항일운동에 투신한 안명근은 서간도에 무관학교를 세우기 위해 황해도의 부호들에게서 기부금을 받았어. 이 사실이 일본 순경에 알려지면서 여럿이 체포되었는데, 일본 놈들이 이참에 독립운동가들을 모조리 잡아들이려고 '학교 설립을 위해 기부금을 모금한 사실'을 '총독 암살을 위해 군자금을 모금한 사건'으로 둔갑시켜버린 거야. 고문과 협박으로 사건을 날조해 160여 명을 체포했지. 이때 아들 승조도 함께 체포되어 옥고를 치렀는데, 풀려난 후, 고문의 후유증이었던지 시름시름 앓다 죽고 말았어. 생때같은(몸이 튼튼하고 병이 없던) 아들을 하루아침에 그렇게 잃다니……. 하지만 어느 정도 각오한 일이긴 했어. 독립운동이라는 건 목숨을 내놓아야 할 수 있는 일이니까.

농업학교 설립

내가 독립운동을 은밀히 지원했다는 것 때문에 후대 사람들이 나를 좋게 보아주는 것도 있겠지만 내가 지금 이 책에 실리게 된 것은 아마 농업학교를 설립한 사실 때문이 아닐까 싶어.

난 농촌에서 태어나 평생을 농민으로 살았어. 농사를 지어 생존만 한

게 아니라 농사로 부를 이루었다고. 그래서 난 농업이 얼마나 중요한 산업인지, 얼마나 가능성이 높은 분야인지 잘 알고 있었어. 하지만 당시 우리나라 농촌의 현실은 썩 좋지 않았어. 농민들은 그저 전통적인 방식만을 고집했고, 새로운 농법이나 기술을 배워 한 단계 업그레이드시킬 생각은 하지 못하고 있었어.

마침 이런 생각을 하고 있는 사람들이 나 말고도 많았던지 농촌계몽운동이 일어나기 시작했는데, 난 농촌을 살리기 위해서는 제대로 된 농업학교가 필요하다고 보고 학교를 설립하기로 마음먹었어. 내 일을 도우면서 농촌계몽운동에 열심이던 손자 계천이도 권했지.

그래서 1929년에 신천 북부면에 있던 논밭 10만 평과 현금 1만 원을 기부해 공사를 시작했어. 교실과 기숙사가 완공되자 수원농민고등학교 졸업생을 교사로 초빙해 학생 40명으로 수업을 시작했어. 다음해 2월에는 신천농민학교라는 이름으로 인가를 받아 정식으로 개교를 했고. 그러자 학생이 더 늘어나 다시 또 6만 원을 기부해 건물을 증축했고, 교사도 더 채용하고 농사실험장도 새로 만들었어. 이에 더해 학교 운영이 안정적으로 이루어지도록 12만 원 상당의 논밭을 기부해 법인도 설립하였고, 매년 5천 원을 운영비로 내놓았어.

학교의 틀이 잡히면서 농민학교에서 농업학교로 이름이 바뀌었고, 손자 계천이가 내 뒤를 이어 학교를 더욱 발전시켜 1938년에는 우리나라에서 유일한 사립 5년제 농업학교로 성장했단다. 그 덕분에 난 '농민의 어머니'라는 별명을 새로 얻었는데, 춘원 이광수라는 문필가는 어느 신문 칼럼에서 나를 가리켜 '인색한 부호들에게 경종을 울린 아름다운 여인'이라고 했다지?

난 그렇게 내 할 일을 다 마치고 일흔일곱 살에 죽었어. 살아생전에 좋은 일을 했다고 여겼는지 장례가 사회장으로 치러졌고, 장마철이라 비가 왔음에도 장례식에 2만 명이나 와주었으니 정말 고마운 일이야.

게다가 자손들이 이웃과 민족을 위해 기여해 내 이름을 더욱 빛내주었으니, 이쯤 되면 농사뿐만 아니라 자식농사에도 성공한 셈이지?

백선행   다들 보니, 부모에게 재산을 물려받은 사람은 하나도 없네. 무에서 유를 창조해낸, 엄청난 억척녀들이야.

왕재덕   나는 남편으로부터 유산을 받은 것이 좀 있었어. 그것이 기반이 된 것은 사실이야. 다른 사람들처럼 밑바닥에서 시작한 것은 아니니까 출발점은 약간 달랐던 거지. 하지만 누구에게도 의존하지 않고 혼자 힘으로 재산을 수십 배 불린 것은 스스로 생각해도 참 대견해. 난 무엇이든 내 힘으로 직접 했어.

김만덕   맞아. 나도 기댈 사람이 없으니 억척스러워질 수밖에 없었어. 혼자라는 생각 때문에 더 열심히 일했지.

최송설당   혼자라서 더 절박하기도 했고 또 혼자라서 더 이로웠던 면도 있었어. 남편 없고 자식 없는 홀몸이라 내 뜻대로 계획을 세워 추진할 수 있었고, 그 덕분에 재산을 많이 모을 수 있었거든.

백선행   억척스럽기로 따지면 나도 누구 못지않을 거야. 요즘 사람들이

봤으면 '워커홀릭(일중독자)'이라고 했을 걸? '쓰리 잡', '포 잡'은 기본이었으니까. 하지만 난 어려운 사람들을 상대로 돈놀이를 한 적은 없어. 어떻게 버느냐 하는 것도 아주 중요한 문제니까.

왕재덕　맞아. 우리 같은 처지에선 그저 열심히 일하고 아끼는 수밖에 없었어. 그런데 백선행의 경우엔 먹기 싫은 것 먹고, 입기 싫은 옷 입고, 하기 싫은 일 한다는 그 '자계삼훈' 말이야. 내가 봐도 정말 놀라워. 보통 사람들은 지키기 어려운 내용인데 오랜 세월 어떻게 그 원칙을 지킬 수 있었어?

백선행　글쎄, 요즘 사람들 기준으로 보면 내가 굉장히 바보같이 산 것이겠지. 애써 모은 돈, 나에게 투자해서 잘 먹고 잘 살고 해외여행도 다니고 그래야 하는데, 그렇게 누리지 않았으니까. 사실 마음만 먹으면 그렇게 할 수 있었지만 내 입장에서는 그저 안 쓰는 수밖에 없었어. 돈이라는 게 쓰는 건 쉬워도 버는 건 어렵잖아. 쓸 것 다 쓰면 언제 모아? 나는 돈을 모으겠다는 목적의식이 뚜렷했거든.

최송설당　그건 나도 마찬가지야. 가문 신원의 꿈을 이루기 위해서는 일단 돈이 필요했어. 물론 돈만으로 이룰 수 있는 건 아니었지만 말이야.

김만덕　역적으로 몰린 조상을 복권시키다니 정말 대단한 일을 해낸 거야. 치밀하게 계획을 세운 것 같던데 그런 아이디어를 냈다는 게 참 신통해.

백선행 정공법을 버리고 편법을 택한 거지. 내가 보기에 최송설당은 현실감각이 매우 뛰어난 사람인 것 같아. 추진력과 문제해결 능력도 있는 것 같고. 한 마디로 말해서 수완가야. 그런 면에서는 왕재덕도 전혀 뒤지지 않는 듯해. 비즈니스 감각이 있는 거지.

왕재덕 그런 유식한 말은 잘 모르겠고, 한 마디로, 어떻게 해야 돈이 붙는지, 무엇을 해야 돈이 되는지 파악하려고 부단히 머리를 쓴 건 사실이야. 그런데 그건 객주로 성공한 김만덕도 마찬가지일 거야.

최송설당 내가 수완가라고? 글쎄, 하여튼 나로선 가능한 방법을 다 동원해야 했어. 마침 운이 따라준 거지. 을미사변의 여파로 나라 전체가 들썩거리는 마당에 엄 상궁이 회임(懷妊: 임신)하는 일이 생길 줄 누가 생각이나 했겠어?

김만덕 기회가 왔을 때 놓치지 않고 잘 활용한 거야. 나도 임금이 제주 목사더러 내 소원을 들어주라고 했을 때, 두 번 다시 올 수 없는 기회라는 걸 알았거든.

왕재덕　소원이 참 이채로워. 서울 궁궐과 금강산 구경이었다니 보통 여자들의 발상을 뛰어넘는 거지. 또한 단순한 장사꾼의 마인드에선 나올 수 없는 생각이야.

김만덕　이권을 잡거나 한몫 단단히 챙기려고 마음먹었으면 얼마든지 그럴 수 있었어. 하지만 난 이재에 밝은 것도 좋지만 내면을 살찌우는 데 투자할 줄도 알아야 한다고 생각했어. 말하자면 '문화'도 '경제' 못잖게 중요하다는 거지.

백선행　맞아. 돈보다 더 중요한 게 있거든. 나더러 돈 쌓아두고 구질구질하게 산다고, 독하다고, 욕하는 사람들도 많았어. 특히 환갑 때는 다들 내가 잔치를 떡 벌어지게 할 줄 알았는데 아무 소리가 없으니까 수전노라고 손가락질 했지. 돈을 움켜쥐고 안 쓴다고 '철창살 속의 암사자'라고 부르기도 했어. 남의 속도 모르면서 말이야. 물론 나처럼 사는 게 옳다는 말은 아니야. 하지만 난 개같이 벌어서 정승같이 쓰라는 속담대로 산 거야. 그렇게 쓰는 돈은, 정말 보람 있으니까 말이야.

김만덕　내가 장사 시작할 때 세운 세 가지 원칙은, 아무리 돈이 좋고 중요해도 지켜야 할 도리가 있다는 것, 넘지 말아야 할 선이 있다는 것을 말해주는 거야. 그런데 요즘은 사람보다 돈이 더 대접받는 세상인가 봐. 돈 때문에 살인도 마다 않는 세상이더라고. 그래도 돈보다 사람 목숨이 먼저 아닌가? 일단 살아야지. 일단 살게끔 해줘야지. 돈도 좋지만 귀히 여겨야 할 것은 결국 사람이잖아. 돈이란 것이 죽을 때 무덤에 지고 가는 것도 아니잖아.

최송설당　무덤에 지고 가는 건 아니지만 자식이 있으면 물려주고 싶다는 생각은 들 법하지. 난 만약 양자 석두와 모자 관계를 끊지 않았다면 약간은 물려주었을 것 같아. 파양(罷養: 양자 관계의 인연을 끊음)하는 바람에 그렇게 안 되었지. 그 일은 두고두고 마음에 걸렸어. 아무리 정이 떨어졌다 하더라도 끝까지 포기하지 않고 어미 노릇을 했어야 하지 않나, 친엄마였어도 내가 포기했을까, 그런 생각이 들곤 했으니까. 아무튼 요즘엔 '자녀에게 유산 물려주지 않기'라는 사회운동도 있는 것 같던데.

왕재덕　난 자식이 있었지만 한 푼도 물려주지 않았어. 만약 내 자식에게 몽땅 남겨주었다면 아무도 내 죽음에 관심을 가지지 않았을 거야. 사람들도 내 장례식에 그렇게 많이 오지 않았을 거고.

김만덕　맞아. 보통의 부자들과 아주 달랐기 때문에 사람들이 존경한 거지. 조선시대 경주 최씨 집안의 이야기가 유명하더군. 400년 간 만석꾼 집안이었는데, "사방 백리 안에 굶어 죽는 사람이 없게 하라"는 가훈이 있었고, 12대에 걸쳐 그런 전통이 이어졌으니 얼마나 멋있는 사람들이야? 이 집안에서는 보릿고개가 시작되면 쌀밥을 먹지 않았고, 흉년엔 이웃들에게 양식을 나눠줬어. 또 흉년에 가난한 사람들이 헐값에 내놓은 땅은 절대 사지 않았어. 사람의 도리가 아니라는 거지. 재산도 상한선을 정해두고 그 이상이 되면 지역사회에 환원했고, 나중에는 전 재산을 대학에 기부해버렸어.

백선행 돈 버는 재미도 크지만 돈 쓰는 재미도 크다고 하잖아? 누릴 수 있을 때 누려야 한다는 얘기도 맞아. 이런 말도 하더군. 부자들이 돈을 써야 경제가 돌아간다고. 그런데 난 부자들이 돈을 현명하게 잘 써야 한다고 봐. 나는 사치품을 사들이고 호사를 부리는 그런 식이 아니라, 사회 전체에 좋은 영향을 미치는 방식으로 쓰고 싶었거든.

김만덕 맞아! 혼자만 잘 살믄 무슨 재민겨!

참고 문헌 목록

• 도서

『한국 역사 속의 여성인물』 한국여성개발원 1998

『누가 나를 조선 여인이라 부르는가』 임해리 가람기획 2007

『이덕일의 여인열전』 이덕일 김영사 2003

『조선의 여성들 - 부자유한 시대에 너무나 비범했던』 박무영·김경미·조혜란 돌베개 2008

『귀신이 되어서라도 팔아라』 이수광 밀리언하우스 2006

『조선거상』 이용선 동서문화사 2005

『럭키경성』 전봉관 살림출판사 2007

『꽃으로 피기보다 새가 되어 날아가리 - 조선의 큰 상인 김만덕과 18세기 제주 문화사』 정창권 푸른숲 2006

『제주여성, 일상적 삶과 그 자취』 제주도여성특별위원회 제주도 2002

『우리 여성의 역사』 한국여성연구소여성사연구실 청년사 1999

『최송설당·오효원 시선』 허경진 평민사 2008

『최송설당 - 한국 육영사업의 어머니』 김창겸 경인문화사 2008

『조선의 부자 - 조선을 움직인 위대한 인물들 3』 이준구·강호성 스타북스 2006

『한국천주교회사』 달레

『화승, 어머니를 그리다』 김태신 이른아침 2004

『인간으로 살고 싶다 - 영원한 신여성 나혜석』 이상경 한길사 2000

『나혜석 평전』 정규웅 중앙M&B 2003

『정월 라혜석 전집』 서정자 국학자료원 2001

『명창들의 시대』 윤석달 작가정신 2006

『한국 고전문학 작가론』 민족문학사연구소 고전문학분과 소명출판 1999

『우리시대의 판소리 문화』 김대행 역락 2001

『조선후기, 시가문학의 문화담론 탐색』 성무경 보고사 2004

• 논문

「조선후기 천주교 여성활동 연구」 임성혜 경희대 교육대학원 2003

「초기 한국 천주교회의 평신도 지도자와 단체에 대한 연구」 원우재 수원가톨릭대
대학원 2003

「안성 남사당 풍물패의 관한 연구」 한범택 중앙대 교육대학원 2003

「인간 신재효의 재조명」 이기우·최동현 신아출판사 1990

「최송설당 연구」 강필구 금오공과대학교 2006

「4통8달의 요충, 개성과 오기의 고장 김천」 배병휴 대구경북연구원 2007